KB036637

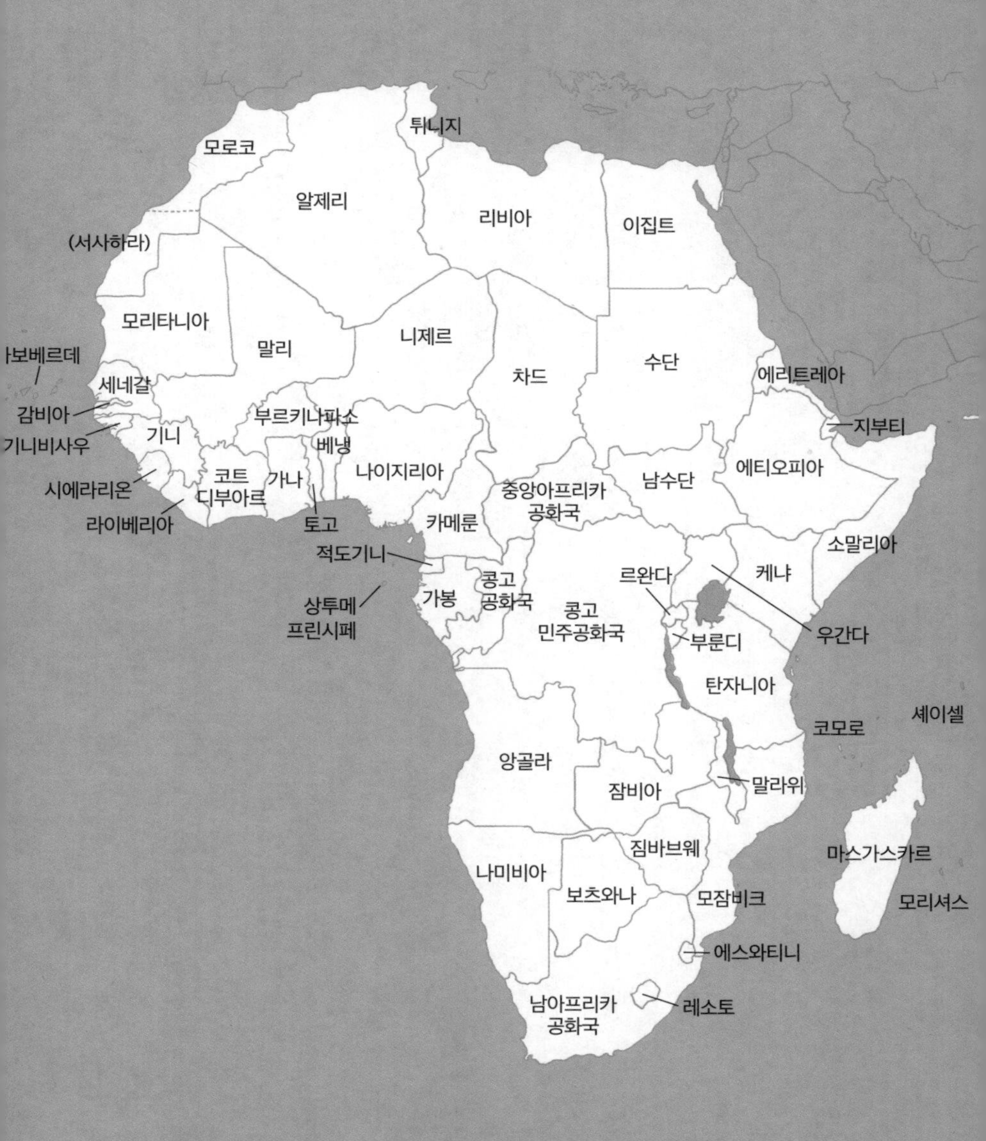

튀니지
모로코
알제리
리비아
이집트
(서사하라)
모리타니아
말리
니제르
차드
수단
세네갈
에리트레아
감비아
부르키나파소
지부티
기니비사우
기니
베냉
에티오피아
남수단
나이지리아
시에라리온
코트
디부아르
가나
중앙아프리카
공화국
라이베리아
토고
카메룬
소말리아
적도기니
콩고
공화국
르완다
케냐
가봉
콩고
민주공화국
상투메
프린시페
우간다
부룬디
탄자니아
코모로
세이셸
앙골라
말라위
잠비아
짐바브웨
마스가스카르
나미비아
보츠와나
모잠비크
모리셔스
에스와티니
남아프리카
공화국
레소토

있는 그대로 나이지리아

나의 첫 다문화 수업 09

있는 그대로 나이지리아

류지선 지음

추천사

외교관 시절 선배들에게 듣기로는 외국에 몇 년을 근무하면 그 나라를 좋아하거나 싫어하게 된다고 한다. 좋지도 싫지도 않은 중간은 어렵다는 뜻이다. 그래서 어느 나라든 외교관을 파견할 때는 3~4년 이상 체류하지 않도록 하는지도 모른다.

나이지리아에서 7년을 보낸 저자가 쓴 이 책을 읽다 보니 저자의 나이지리아에 대한, 나아가 아프리카 전체에 대한 따뜻한 마음이 전해진다. KDI 국제정책대학원에서 그녀를 처음 만나 개발 협력에 관해 이야기를 나눌 때도 가난한 나라의 어려운 사회 계층에 대한 관심과 애정을 느낄 수 있었다.

선진국이 개발도상국을 돕는 국제 개발 협력을 설명할 때 그것이 선진국에게도 이익이 된다는 '계몽된 이기심'을 사용한다. 하지만 그 바탕에 모든 인간을 동등하게 보는 인권 의식과 인류애가 없다면 한계가 있다. 특히 가난한 나라에서 1세대 만에 선진국으로 발전한 경험이 있는 우리나라는 빈곤에서 탈출하려고 노력하는 전 세계 개발도상국 사람들을 우리와 무관한 남으로만 생각할 수는 없다.

사실 나이지리아는 아프리카에서 남아프리카공화국, 이집

트와 함께 강대국에 속한다. 2억 명이 넘는 인구와 아프리카 최대의 경제 규모를 갖고 있어 21세기 중반에는 인구로나 경제 규모 모두 세계 최상위 수준으로 성장할 가능성이 보인다. 유엔과 같은 국제기구에도 아미나 모하메드 현 유엔 사무부총장을 포함해 나이지리아 출신 인사가 많다. 우리 입장에서는 아프리카 지역에서 가장 주목하고 알아야 하는 국가 중 하나인 것이다.

이 책은 국가나 지역 소개 정보를 단순히 담은 책이 아니다. 현지에서 오랜 기간 살면서 직접 경험한 저자의 시각이 아니면 볼 수 없고 깨달을 수 없는 나이지리아의 속살이 담겨있다. 저자는 "나이지리아였기 때문에 나는 다시 태어날 수 있었다."고 표현하고 있다. 아프리카에서 돌아와 국제 개발 협력 분야의 연구와 작업을 계속하고 있는 그녀에게 나이지리아에서의 7년은 일과 삶에 있어서 중요한 발판이 되었음을 짐작할 수 있다.

팬데믹으로 주춤했던 세계화의 시대가 다시 열리는 지금 이 책은 세계로 나아가려는 우리 젊은 세대에게 소중한 나침반이 되어줄 것이다. 아프리카 대륙 한가운데 있는 나이지리아를 통해 모든 개발도상국을 조명해볼 수 있기 때문이다. 다가올 세계를 짊어질 미래의 세계 시민들을 응원하며 이 책을 권한다.

– 오준(세이브더칠드런 이사장, 전 유엔대사)

나이지리아는 아프리카 국가 중 국내총생산이 가장 높은 산유국이다. 한국과의 교역량 또한 높다. 아프리카 문화를 선도하는 열정적인 국가이기도 하다. 나이지리아의 음악과 영화, 패션 등은 다른 아프리카 국가에 미치는 영향력이 매우 크다. 하지만 민족집단 간의 갈등과 종교 문제는 여전히 풀어야 할 과제로 남아있다.

나이지리아에서 운영하던 회사에 어느날 저자가 직원으로 입사하면서 나는 그녀와 인연을 맺게 되었다. 당시 편견과 우월감 없이 동등한 세계 시민으로 나이지리아 사람들과 현지 문화를 이해하려고 애쓰는 그녀의 모습이 인상 깊었다.

나이지리아를 향한 애정과 몸소 체험하며 깨달은 교훈, 객관성과 공정함의 태도로 이 책을 집필하는 과정을 지켜보았기에 이 책의 진정성을 담보할 수 있다. 《있는 그대로 나이지리아》는 나이지리아를 알고자 하는 청소년부터 나이지리아에 진출하고자 준비하는 사업가까지 나이지리아의 정치, 경제, 문화를 파악하는 데 많은 도움이 될 것이다.

– 김태균(나이지리아 이도오순킹덤 추장, 현 탄자니아 한인회장)

외국인이 어느 나라를 연구하고 설명하고 심지어 미래를 예견하는 일은 매우 외롭고도 고독한 여정이다. 특히 객관적인 통계나 자료가 부족한 아프리카 국가에 관한 글을 쓴다는 것은 해 보지 않은 사람은 절대 느낄 수 없는 고독과 방황을 요구한다. 저자 또한 분명 이러한 고난의 시간에 직면했을 것이다. 그럼에도 그녀는 오히려 대학원 과정에서 잘 숙련된 에스노그라피*Ethnography*와 주석주의*Interpretivism* 방법론을 활용해 이 책을 펴냈다.

이 책은 저자의 인생 여정에서 피와 살로 남은 나이지리아에 대한 사랑의 고백이자 자유로운 지성인의 고결한 울림이다. 이 책에 담긴 나이지리아에 대한 정보와 무게감 있는 해석은 나이지리아에 대한 동시대인들의 다양한 도전과 관계성을 촉진하며 나이지리아를 품고자 하는 미래 세대에게는 시대사적 아포리즘과 인류애적 잠언들을 제시하고 있다.

– 이태준(KDI 국제정책대학원 교수)

프롤로그

왜 하필 나이지리아?

"기존에 생각했던 나이지리아와 너무 달라요. 인터넷을 검색하면 나이지리아에 대한 무서운 기사 밖에 없어요."

나이지리아를 처음 방문하는 한국인에게 다른 대도시와 크게 다르지 않은 라고스 시내를 보여주면 자주 듣는 말이다. 나이지리아를 과대 포장할 필요는 없지만 부정적으로 인식하는 사람들에게 나이지리아의 있는 그대로 모습을 보여주고자 블로그를 시작했다. 또 나이지리아 한인회 사무국장으로 2년 동안 활동하면서 나도 모르게 한인을 대표하는 위치에서 나이지리아 정부 기관, 문화 예술계, NGO 영역까지 다양한 사람을 만날 수 있어 어느 순간 나이지리아의 시각에서 한국을 대표하며 양쪽을 부지런히 오가는 나 자신을 발견했다.

나이지리아에서의 삶은 나 자신을 발견하는 여정이자 서구의 시각으로 치우쳐 있던 세계관을 깨고 진정한 세계 시민으로 눈뜰 수 있었던 소중한 시간이었다.

"왜 하필이면 나이지리아인가요?"

아프리카 대륙도 지역마다 차이가 있고 외국인들이 좀 더 선호하는 나라가 있다. 야생 동물과 사파리 같은 볼거리가 많은 케냐나 탄자니아도 아니고, 경제적으로 선진화되고 살기 편한 남아프리카공화국도 아니고, 서부 아프리카에서 한인이 많이 거주하는 가나도 아닌, 인프라도 열악하고 사람들도 거칠기로 소문난 나이지리아를 선택한 것에 대해 많은 사람이 질문했다. 현지인조차도 같은 질문을 했다. 본인들은 탈출하고 싶은 곳인데 왜 여기로 와서 고생을 하냐고.

전자통신업계에서 해외 영업 직원으로 일하면서 처음 접한 케냐, DR콩고, 나이지리아에서의 서로 다른 경험은 나를 매료시켰다. 그 후에도 10여 개국을 다니며 통신 사업자들을 상대해보니 다이내믹하고 열정적이었던 나이지리아 사람들의 에너지가 가장 인상에 남았다. 출장으로 잠깐 방문하는 것이 아니라 직접 살아보고 싶었다. 그렇게 '아프리칸 드림'을 그리며 2012년 9월 나이지리아로 이주했다.

회사의 보호막에서 3년 정도 나이지리아를 경험해보니 이 나라를 다 안 것 같았다. 그래서 독립적으로 시장을 개척해보고자 사업을 시작했다. 그러자 그제야 비로소 나이지리아를 뼛속까지 느낄 수 있었다. 나 자신과 치열하게 싸우며 내 안에 굳건히 버티던 아집, 오만, 객기가 산산조각이 났다.

나이지리아는 내가 믿었던 신념, 정의, 원칙, 상식이 얼마나 얄팍했는지 깨우쳐주었다. 내가 알던 상식과 원칙으로 생존할 수 있는 곳이 아니었다. 이곳에서 나는 나를 잃지 않으면서 발전적인 타협을 하면서 앞으로 나아갈 수 있는 방법을 매 순간 고민했다. 정말 쉽지 않았다. 그러나 원하는 대로 일이 풀리지 않아 마음이 무너질 때 내게 용기를 주고 따뜻하게 안아주었던 사람들은 다름 아닌 나이지리아 사람들이었다. 쉽지 않은 환경에서 하루하루를 견디면서도 그들에게는 절대 포기하지 않고 다음 날 훌훌 털고 아무렇지 않게 하루를 시작할 수 있는 힘이 있었다. 작은 것에 좌절하며 '포기할까?'라는 고민을 수 없이 하던 나는 인내와 끈기와 강인한 의지력이 합쳐진 견인을 그들에게서 배웠다.

'왜 하필 나이지리아'가 아니라 '나이지리아였기 때문에' 나는 다시 태어날 수 있었고 지금까지 나만의 독특한 경험으로 오늘의 내가 될 수 있었다. 나이지리아 외에도 여러 아프리카 국가를 경험했지만 나이지리아만큼 진하디 진한 사람 냄새와 강한 인상을 남긴 나라는 없었다.

그러다가 2019년 다양한 정부 컨설팅 프로젝트에 참여하며 사업가가 아닌 국가 차원에서 새로운 비전을 품고 한국으로 돌아왔다. 국제 개발 협력 분야에 종사하며 연구하는 지금도 여전히 아프리카는 내 삶에서 중요한 부분을 차지하고 있다.

'나이지리아에서의 7년'이라는 내 삶의 한 챕터에 제대로 마침표를 찍고 싶은 욕구가 있었다. 그러던 차에 아프리카인사이트를 통해 나이지리아에 관한 책을 쓸 기회를 얻게 되어 감사하고 영광스럽다. 내 개인적인 감정보다는 나이지리아의 다양한 면과 직접 겪은 다채로운 경험을 담담하게 담고 싶었다. 이 책을 통해 나이지리아 나아가 아프리카 그리고 우리가 사는 세상을 다양한 방식으로 해석하고 토론할 수 있으면 좋겠다.

감사의 인사

이 책에는 오늘의 나를 만들어준 소중한 분들의 사랑과 지지가 녹아있습니다. 그들에게 감사의 인사를 전하고 싶습니다.

나이지리아에서 사는 동안 혼자 사는 한국 여자가 힘들지 않을까, 외롭지 않을까 늘 걱정해주며 한국 음식을 가져다주고 물심양면으로 챙겨주신 삼성중공업, 린다 등 한국 기업분들.

다양한 코트라 프로젝트에 참여할 수 있도록 기회를 주신 라고스 무역관의 편보현, 서기열 관장님.

하루에도 100만 번씩 "사업은 미친 짓이야!"를 외치며 포기하고 싶다고 해도 늘 묵묵히 하소연을 들어주며 "그래도 우리 나이지리아잖아. 포기하면 안 되지."라고 격려해주었던 소중한 나이지리아 친구들.

다채로운 내 삶을 늘 응원해주며 지켜봐준 사랑하는 20년 지음인 채연과 례미. 언제나 나의 오른팔로 함께하며 나를 한결같이 따라주고 지켜준 든든한 심복, 세실리아.

나의 아프리카 경험에 귀 기울여주시고 내게 세상을 더욱 깊게 바라볼 수 있는 도구를 제공해주신 KDI 국제정책대학원 교수님들과 더 나은 세상을 같이 만들어나가고자 함께 고민하고 마음을 나누는 소중한 KDI 친구들, 그중에서도 우리 아프리카 출신 친구들.

오늘의 나를 있게 해주신 존경하는 나의 영원한 김태균 보스님. 그리고 늘 묵묵히 나를 믿어주고 응원해준 가족들에게 감사함을 전합니다.

차 례

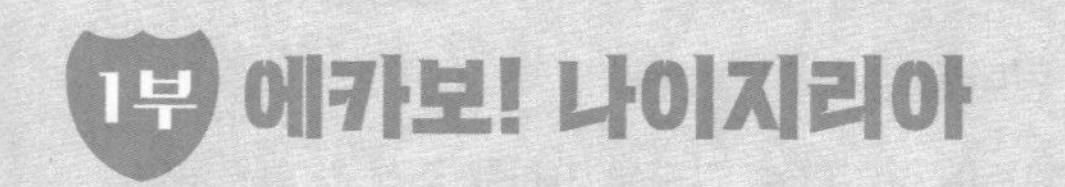

2부 나이지리아 사람들의 이모저모

3부 역사로 보는 나이지리아

4부 문화로 보는 나이지리아

5부 여기를 가면 나이지리아가 보인다

퀴즈로 만나는 나이지리아

이 책을 보기 전에 알아두면 좋을 나이지리아에 대한 기본적인 정보를 퀴즈로 담았다. 정답을 맞추지 못하더라도 퀴즈를 풀다 보면 나이지리아에 대한 호기심이 조금씩 생길 것이다.

“

Q1.

아프리카에서 가장 인구가 많으며
2050년에는 중국과 인도에 이어
세계에서 세 번째로 인구가
많을 것이라고 예상하는 나라는?

❶ 에티오피아 ❷ 이집트 ❸ 나이지리아
❹ 르완다 ❺ 가나

”

Answer. ❸ 나이지리아

2021년 기준 유엔 통계에 따르면 나이지리아 인구는 2억 1,000명으로 아프리카 대륙에서 가장 많다. 또한 세계에서 가장 가파르게 인구가 증가하는 나라 중 하나로 2050년에는 4억여 명을 넘어 미국 전체 인구의 두 배가 될 것으로 전망하고 있다.

● 나이지리아 시장

“

Q2.

나이지리아 출신으로
아프리카인 최초로
노벨 문학상을 수상한 작가는?

❶ 월레 소잉카 ❷ 넬슨 만델라 ❸ 치마만다 응고지 아디치에
❹ 엘런 존슨-설리프 ❺ 왕가리 마타이

”

Answer. ❶ 월레 소잉카

1986년 월레 소잉카는 사하라 이남 아프리카 지역에서 최초로 노벨 문학상을 받았다. 시인, 극작가, 비평가, 활동가로서 정치에도 적극적으로 목소리를 내고 있으며, 2021년에는 《지구상에서 가장 행복한 사람들이 사는 대지의 연대기*the chronicles from the land of the happiest people on Earth*》라는 소설을 출판했다.

● 월레 소잉카

“

Q3.

2021년 1월 1일 발효되었으며
54개국 아프리카 국가를
단일 시장으로 묶어주는
경제 무역 협정은?

❶ 서아프리카경제블록 ❷ 아랍마그레브연합
❸ 아프리카자유무역협정 ❹ 사헬-사하라국가공동체
❺ 동남부아프리카공동시장

”

Answer. ❸ 아프리카자유무역협정

아프리카자유무역협정*AfCFTA, African Continental Free Trade Area*은 2021년 1월 1일부로 발효된 아프리카 대륙 전체를 대상으로 하는 무역 협정이다. 12억 명의 아프리카 인구를 망라하고 3조 이상의 국내총생산*GDP*이 창출 가능하다는 점에서 세계적인 기대를 모으고 있다.

● 아프리카자유무역협정 공식 로고

“

Q4.

나이지리아 주요 민족집단이
아닌 것은?

❶ 요루바 ❷ 이보 ❸ 하우사 ❹ 마사이 ❺ 풀라니

”

Answer. ④ 마사이

나이지리아는 300개 이상의 민족집단으로 구성되어있다. 이중 하우사, 풀라니, 요루바 및 이보가 나이지리아 인구의 68퍼센트를 점유한다. 이들 민족집단은 인구 규모나 정치적 경쟁 구도에서 나이지리아의 주요 축이 되고 있다. 마사이는 동부 아프리카 케냐의 민족집단 중 하나이다.

● 나이지리아에 사는 민족집단들

“

Q5.

할리우드, 발리우드와 더불어
세계 엔터테인먼트 시장에 영향력을
끼치는 나이지리아의 영화 산업을
일컫는 말은?

”

Answer. 날리우드

영화로 벌어들이는 연간 총수입이 4억 5,000만 달러 규모에 이르는 나이지리아 영화 산업을 할리우드에 빗대어 표현한 용어이다. 1980년대 독재 정치가 끝나면서 활기를 띤 나이지리아의 영화 산업은 규모 면에서 보면 미국을 제치고 인도의 뒤를 이어 세계에서 두 번째로 크다.

● 세계 2위 규모의 나이지리아 영화 산업

1부

에카보!
나이지리아

삶 속에서 누군가에게 심하게 얻어맞고
얼굴이 팅팅 부어올라도
웃으면서 살찐 사람인 척해라.

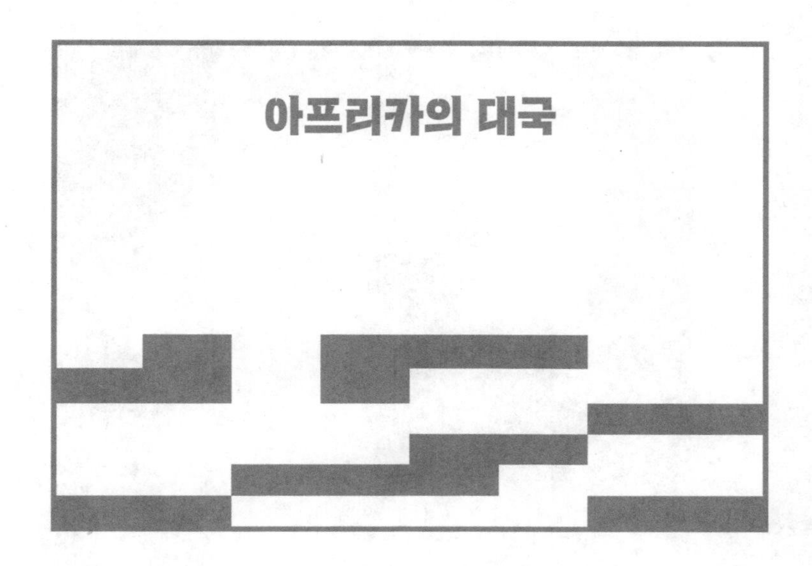

나이지리아의 위치

아프리카 대륙의 서부에 위치한 나이지리아는 부분적으로 대서양을 접하고 있다. 나이지리아는 타 대륙과의 접근성이 생각보다 좋다. 직항으로 9시간 비행을 하면 뉴욕에 도착하고 런던까지는 6시간 정도가 소요된다. 동부 아프리카에 위치한 케냐까지는 5시간 정도 걸린다. 하지만 우리나라에서 가려면 유럽이나 중동행 비행기를 타고 경유를 해서 20시간을 가야 한다.

나이지리아 영토는 한반도의 약 4배이다. 대륙 서쪽으로는 베냉, 동쪽으로는 차드와 카메룬, 북쪽으로는 니제르와 국경을 마주하고 있다. 남쪽으로는 기니만 해안과 접해있는데 이 지역

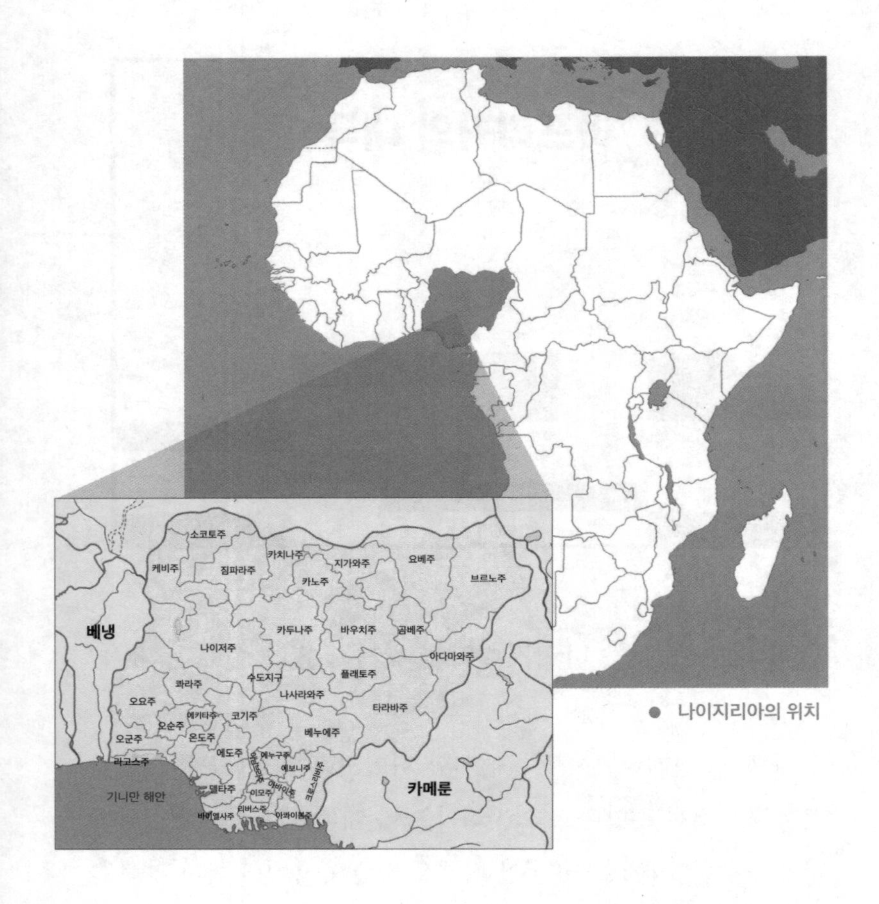

● 나이지리아의 위치

은 나이지리아뿐 아니라 토고, 베냉, 카메룬, 적도기니 등 주변 아프리카 국가와도 맞닿아있다. 해양 자원이 풍부해 주변 국가 간의 영토 분쟁과 갈등이 끊이지 않는 지역이다. 가끔 우리나라 원양 어선 선원들이 해적에게 납치되기도 한다.

나이지리아의 기후

열대성 몬순 기후 지역에 속하는 나이지리아는 비가 많이 오고 비교적 서늘한 우기와 고온 다습한 건기로 나뉜다. 나이지리아 동부 지역의 평균 기온은 섭씨 28도이고 그나마 덥다고 하는 아부자도 평균 37도를 넘지 않는다.

집중적으로 비가 오는 3~6월, 9~10월에는 20도 아래로 내려갈 때도 많아 추위에 익숙하지 않은 이곳 사람들은 겉옷을 입고 다니기도 한다. 1년 내내 여름이다 보니 어디를 가도 에어컨이 늘 작동하고 있어 바깥에 돌아다닐 때만 더위를 느낄 뿐 사실 우리나라보다 여름 나기가 비교적 수월하다.

나이지리아는 연말 연초가 1년 중 가장 덥다. 크리스마스 기간에 쇼핑몰을 방문하면 점원들이 땀을 흘리며 산타클로스 모자를 쓴 채 물건 파는 모습을 볼 수 있다. 1~3월까지는 '하마탄'이라는 시기로 사하라 사막에서 모래바람이 황사처럼 몰려온다. 이 시기에는 집안의 모든 문을 꽁꽁 닫고 지내야만 생활이 가능할 정도다.

세계 속 나이지리아의 위상

나이지리아는 아프리카에서 대국에 속한다. 아프리카 국가 중 최대 인구 보유국으로 중국, 인도, 미국, 인도네시아, 파키스탄, 브라질에 이어 세계 7위이고,• 아프리카 최대 산유국이며, 아프리카에서 국내총생산이 가장 높다.• 그뿐 아니라 세계에서 두 번째로 영화 산업이 발달되어있는 곳으로 나이지리아 영화 시장은 미국 '할리우드'에서 따와 '날리우드*Nollywood*'라고 불린다. 이처럼 나이지리아는 아프리카 대륙에 있는 가난한 나라로 여기기에는 무시할 수 없는 정치, 경제, 문화적 위상이 있다.

그러나 이런 모습이 전부는 아니다. 다른 시각으로 나이지리아를 살펴보면 세계에서 가장 많은 신용 사기(스캠)가 발생하는 나라이며, 라고스는 세계에서 가장 살기 힘든 도시 2위이다. 또한 전기가 들어오지 않는 곳에서 사는 인구가 가장 많은 나라이자 절대 빈곤층 비율이 가장 높은 나라이기도 하다.•

머리가 혼란스러워진다. 대체 나이지리아는 어떤 나라이기에 이렇게 양극단적인 면을 가지고 있는 걸까? 이 수치들을 어떻게 해석해야 나이지리아를 제대로 볼 수 있을까? 단편적인 면만 살펴본다면 극단적인 편견에 치우쳐 일반화의 오류에 빠지기 쉬운 나라가 바로 나이지리아이다.

• 2022년 월드미터 통계
• 2021년 IMF 통계
• 세계은행 통계에 따르면 나이지리아 절대 빈곤층 비율은 50.1퍼센트다.

중요한 것은 세계적인 관점에서 볼 때 나이지리아의 위상을 무시할 수가 없다는 점이다. 늘 국제 뉴스 정치·사회면에 온갖 문제의 주인공으로 등장하지만 나이지리아가 보유한 엄청난 광물 자원, 인구 등을 고려할 때 나이지리아는 전 세계 역학관계에서 중요한 위치를 차지하고 있다. 2021년 세계무역기구에서 첫 아프리카인 출신 총장으로 선출된 은고지 오콘조-이웨알라 *Ngozi Okonjo-Iweala*, 현 아프리카개발은행 총장인 아킨우미 아데시나 *Akinwumi Adesina*, 현 유엔 사무부총장인 아미나 모하메드 *Ms. Amina J. Mohammed* 모두가 나이지리아 출신인 것은 우연만은 아닐 것이다.

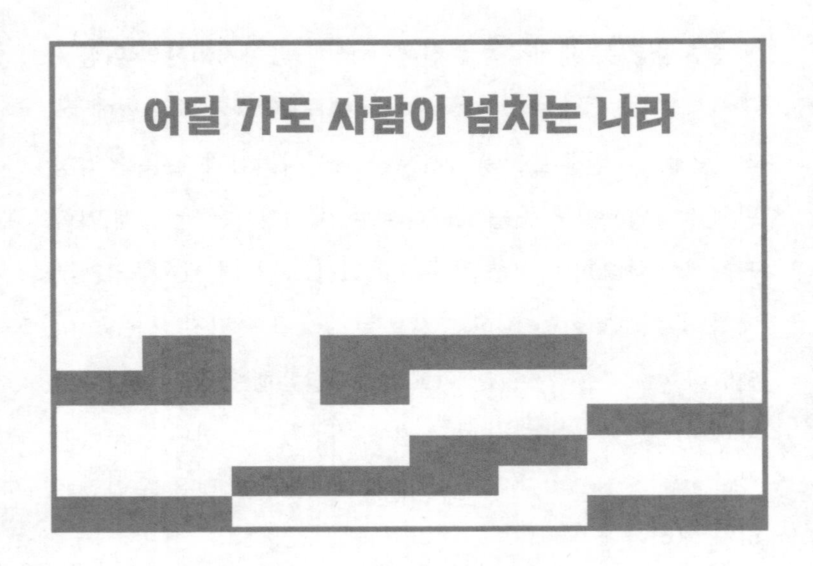

어딜 가도 사람이 넘치는 나라

"나이지리아는 볼 게 뭐가 있어요?"

나이지리아를 처음 방문하거나 잘 모르는 사람들이 하는 단골 질문이다. 그 질문에 나는 망설임 없이 대답한다.

"사람이요."

아침에 알람을 설정하지 않아도 새벽 6시부터 음식을 파는 사람들 소리, 마당을 쓸며 이야기하는 소리에 저절로 눈이 떠진다. 거리에는 삼삼오오 물건을 파는 사람들, 일자리가 없어 우두커니 앉아있는 젊은이들, 잠깐 정차하는 자동차마다 차창에 물건을 들이대며 뭐라도 팔아보려고 하는 사람들… 어디를 가도 사람들이 북적북적하다.

인구가 많은 이유

영토 크기로 보면 나이지리아는 아프리카 대륙에서 열 손가락 안에 들지 않는다. 그런데 어떻게 인구 대국•이 되었을까? 이에 대한 다양한 분석이 있다.

그중 하나는 지형과 기후적인 요소, 즉 큰 자연재해 없이 비옥한 땅에서 농작물을 재배할 수 있는 환경이다. 1년 내내 따뜻하고 뚜렷한 우기와 건기가 있어 곡물, 채소, 과일 농업에 적합한 덕분에 남부의 나이저강 삼각주 지역부터 대서양 해변까지 인구가 집중되어있다. 물론 이것만으로 나이지리아가 인구 대국이 되었다는 것을 설명하기에는 부족하다. 사하라 사막에 가까운 북부 지역은 척박한 환경인데도 인구 밀집도가 매우 높기 때문이다. 이에 대한 또 다른 분석으로 종교·문화적 요인을 들 수 있다.

나이지리아는 연방제 국가로 미국처럼 각 주마다 독립성을 가지는데 북부 지역에 사는 하우사 민족집단은 조기 결혼이 일반적이며 법적으로 한 남성이 네 명의 아내를 둘 수 있어 인구 성장률이 높을 수 있었다. 실제로 이들과 같은 민족집단이 사는 이웃 국가 니제르, 적도기니 또한 인구 성장률이 각각 3.7퍼센트, 3.4퍼센트로 아프리카에서 매우 높은 편에 속한

• 2022년 세계은행 기준 2억 1,000명

● 어디를 가도 사람들이 넘쳐나는 라고스 거리

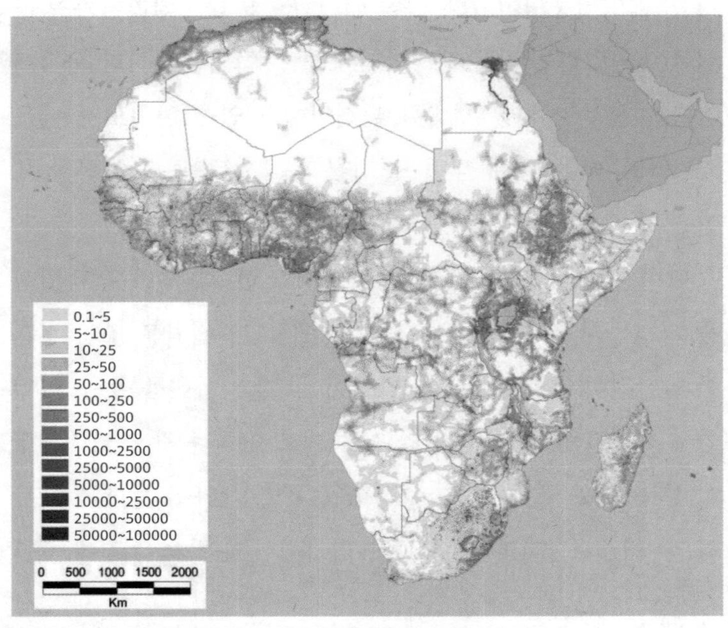

● 아프리카 대륙의 인구 밀집도. 색깔이 진할수록 인구 밀도가 높다.

다. 종교·문화적 요인이 인구 성장에 큰 작용을 하는 것이다.

하우사 민족집단뿐 아니라 아프리카에서는 출산을 중시하는 문화가 지배적인 것도 사실이다. 오랜 기간의 노예, 식민지 시절을 겪으며 아동 사망률이 높고 의료 시설이 취약해 서부 아프리카의 기대 수명은 남성의 경우 58세, 여성의 경우 60세로 전 세계에서 가장 낮다(세계 평균 수명은 남성 71세, 여성 75세). 또한 아프리카는 전통적으로 가부장적인 특성이 강해 여성은 결혼을 하고 출산을 해야 진정한 공동체의 구성원으로 인정을 받을 수 있다.

풍부한 인적 자원

나이지리아는 인구의 절반이 19세 이하인데다 노령층 인구가 매우 적어 경제 활동을 할 수 있는 인력이 넘쳐난다. 그러나 젊고 풍부한 인적 자원을 수용할 수 있는 일자리는 턱없이 부족하다.* 이러한 상황에서 디지털 경제로의 세계적 추세에 따라 젊은 저임금 도시 노동자를 글로벌 플랫폼 기업체들이 빠르게 흡수하고 있다. 당국의 규제가 거의 없고 기존 인프라가

* 2020년 나이지리아 실업률은 33.3퍼센트이며, 이 가운데 15~24세까지의 청년 실업률이 53.4퍼센트에 달한다(나이지리아 통계청 자료 기준).

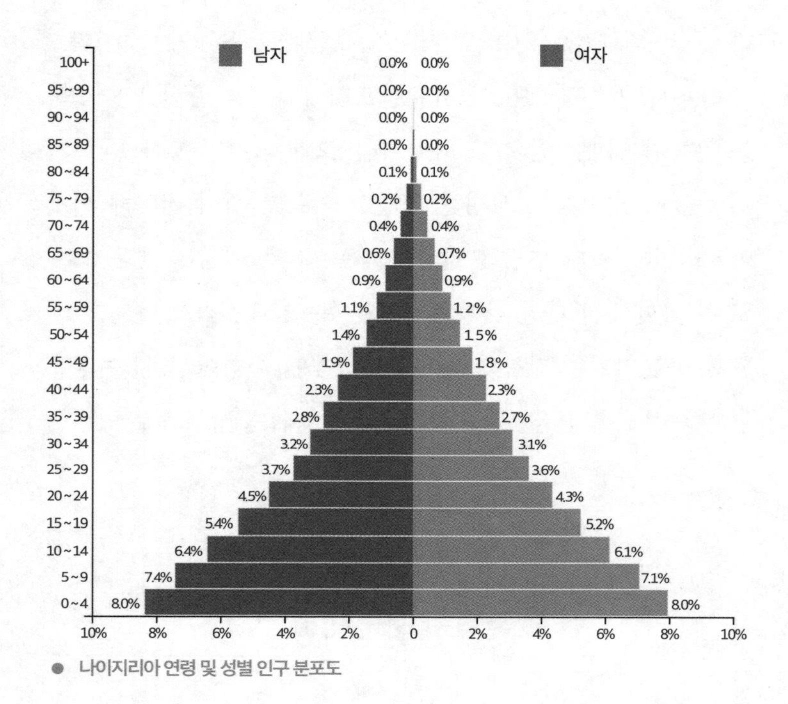

● 나이지리아 연령 및 성별 인구 분포도

약한 상태라서 플랫폼 기업들은 큰 저항에 부딪히지 않고 빠르게 성장하고 있다. 우버와 같은 택시 공유 플랫폼은 2018년부터 남아프리카공화국과 나이지리아에서 서비스를 시작했는데 차량이 없는 운전기사에게는 차량을 대여해준 후 매달 수익금의 일부를 차량 대여금으로 차감해 무직의 가난한 청년들을 흡수했다. 나아가 이 플랫폼은 서민이 많이 이용하는 오카다*Okada*(오토바이)나 케케*Keke*(삼륜 차량)까지 범위를 넓혀 배달 대행 서비스까지 제공하고 있다.

젊은 인력의 잠재력과 역량 향상을 위한 노력

특히 교통지옥으로 유명한 라고스에서 플랫폼 산업의 활성화는 운송 수단의 효율성을 높이고 청년 실업률을 감소시키는 데 긍정적인 효과를 내고 있다. 하지만 차량 임대료, 플랫폼 수수료, 차량 유지 비용까지 내고 나면 청년들이 노동 활동으로 얻는 순수익은 기껏해야 월 10~20만 원 정도에 지나지 않는다. 플랫폼 기업들끼리 경쟁이 점차 심화되면서 플랫폼 노동자들의 근무 여건은 더욱 악화되고 있다.

디지털 시대에 맞추어 플랫폼 산업이 청년 실업률을 감소시킬 수는 있다. 그러나 청년들의 노동력이 저렴하게 '소비'되지 않으면서 잠재성과 역량을 키우려면 근본적인 경제 구조의 개편과 산업 전반에 걸친 경쟁력을 키워야 한다. 그것이 어느 정도 성공을 거두어야 넘쳐나는 젊은 인적 자원이 장기적으로 성장해나갈 수 있는 나라가 될 것이다.

세계 최악의 도시에서 아프리카 최초의 스마트 시티로

나이지리아는 36개 자치주로 구성된 연방제 국가이다. 1960년 영국으로부터 독립한 후 300개 이상의 민족집단이 하나의 국가가 되면서 평화적인 통치를 위해 연방제를 택했다. 그중 나이지리아의 경제 수도인 라고스는 2,000만 명 이상이 사는 거대 도시로 인구 수로나 국내총생산 규모로나 아프리카 최대의 도시이다.

라고스는 독립 이후부터 1991년까지 공식 수도였으며 아부자로 수도가 옮겨간 후에도 여전히 나이지리아뿐 아니라 서부 아프리카의 경제 축으로서의 위상을 유지하고 있다. 석유가 생산되는 곳은 아니지만 석유, 건설, 유통 등 다국적 기업이 집결되어있어 다양한 인종과 민족이 살아가고 있다. 라고스는 대서양을 끼고 있어 16세기부터 대표 항구인 아파파를 통해 유럽과의 교역을 시작했다. 이곳에서 북미와 남미 대륙으로 수많은 서부 아프리카의 노예가 거래되고 팔려가기도 했다.

라고스에서 이코이는 가장 땅값이 비싼 지역이며 그 안에 있는 바나나섬이라는 동네는 부촌으로 유명하다. '라고스의 베벌리힐스'라는 별명을 가지고 있을 만큼 유명 연예인과 정치인들이 거주하고 있다.

라고스와 빅토리아섬을 잇는 3번대교

나이지리아를 찾는 한국인 중 80퍼센트 이상이 라고스가 첫 방문지이다. 다른 도시를 방문하더라도 대부분 라고스를 통해 나이지리아에 첫발을 딛는 편이다.

라고스의 첫인상은 강렬하다. 먼저 비행기에서 내리면 무탈라 무하메드 국제공항의 낙후성에 놀랄 것이다. 그리고 공항을 벗어난 후 외국 기업이 집결한 빅토리아섬을 둘러보면 상업적으로 발달한 화려한 모습에 또 한 번 놀랄 것이다.

무탈라 무하메드 국제공항을 뒤로하고 빅토리아섬을 향하는 길에 유명한 '3번대교*3rd mainland bridge*'가 있다. 길이가 11킬로미터인 이 다리는 이케자로 대표되는 라고스의 대륙 지역과 신도시인 빅토리아섬을 잇는 아프리카에서 두 번째로 긴 다리

● 라고스의 대륙 지역인 이케자와 빅토리아섬을 잇는 3번대교

다. 이케자는 '강북', 빅토리아섬은 '강남', 3번대교는 '한강 다리'라고 생각하면 이해가 쉽다.

위의 사진은 빅토리아섬을 향하는 상행선(오른쪽)과 이케자 지역으로 향하는 하행선(왼쪽)을 찍은 사진이다. 현지 시각이 언제인지 짐작해보자. 라고스를 한 번이라도 방문해본 사람은 '저녁 퇴근 시간!'이라고 바로 맞출 것이다. 지대가 비교적 싼 대륙 지역에 거주하는 사람들이 빅토리아섬에서 퇴근할 때의 일상적인 교통 상황이다. 당연히 아침 출근 시간은 이와 반대로 상행선에 차가 줄지어있다.

라고스에 사는 사람들은 출퇴근 교통 체증으로 하루 평균 4~5시간을 이 다리에서 보낸다. 차량 수에 비해 턱없이 부족

● 사방에 건물이 빼곡한 빅토리아섬

한 도로, 제대로 정비되지 않은 도로 상태, 여기에 잦은 교통사고까지 겹쳐 교통 체증은 라고스가 세계 최악의 도시라는 불명예를 얻는 데 지대한 영향을 끼친다. 그런데도 3번대교가 라고스 경제에 미치는 영향은 무시할 수 없다. 외국계 주요 기업, 부촌, 유통, 금융 등 상업의 중심이 모두 3번대교를 거쳐 이어지는 빅토리아섬에 위치해있기 때문이다.

비지니스뿐 아니라 쇼핑, 문화, 예술 등 빅토리아섬은 모든 상업의 중심지이다. 외국인이 많이 거주하고 국내 시장으로 흐르는 오일 머니가 넘치다 보니 호화로운 클럽, 레스토랑, 호텔 등이 밀집해 소비 문화가 발달했다.

미래 지향적인 발전 가능성을 위한 노력

빅토리아섬은 이미 과포화 상태이다. 대륙과 연결된 빅토리아섬 동쪽으로는 '레키 페이스 원' 같은 신도시가 개발되고 있고, 빅토리아섬 옆으로는 바다를 채우는 간척 사업을 통해 '에코 아틀란틱*Eko Atlantic*'이라는 지구가 탄생했다.

이 지구는 '아프리카의 두바이'를 건설하겠다는 목표로 라고스주에서 2007년부터 개발하는 사업인데, 여기서 '에코*Eko*'는 라고스의 옛 이름으로 라고스에서는 에코호텔, 에코배전소 등의 명칭을 자주 볼 수 있다.

라고스주는 이곳을 아프리카 최초의 스마트 시티로 만들겠다는 포부를 가지고 있다. 진척 속도는 느리지만 에코 아틀란틱을 최첨단 도시이자 경제, 엔터테인먼트 중심 도시로 키우겠다는 청사진은 여전히 유효하다.

에코 아틀란틱이 아니더라도 라고스는 미래를 향해 조금씩 나아가고 있다. 안정적인 인터넷망 구축을 위해 3,000킬로미터가 넘는 광케이블 네트워크를 설치하고 있고, 라고스 끝자락에 있는 당고테 정유소는 하루에 65만 배럴의 원유를 정제할 수 있는 설비를 갖추고 있다. 이런 장비와 시설을 통해 라고스의 전기 자급률은 크게 높아질 것으로 예상되며 이러한 사회 인프라 문제를 해결하는 것은 시민의 삶의 질과 바로 이어질 것이다.

● 에코 아틀란틱의 구상도(위)와 에코 펄 타워(아래)

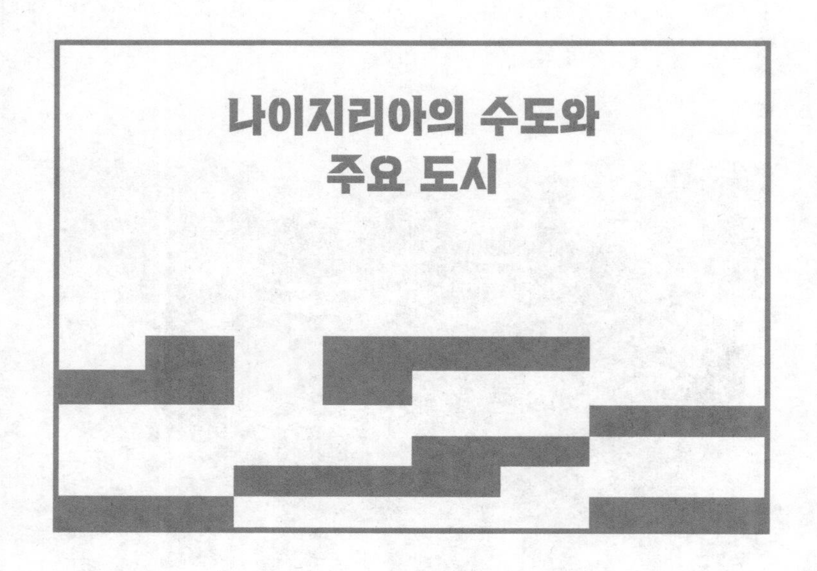

아부자

앞서 말했듯 라고스는 나이지리아를 대표하는 도시이지만 수도는 아니다. 나이지리아의 공식 수도는 아부자이다. 내륙 북쪽에 위치한 아부자는 1991년 공식 수도로 지정되었으며 우리나라의 과천 혹은 세종시처럼 행정 수도로서의 역할을 하고 있다. 나이지리아와 수교를 맺은 국가들의 대사관과 국제기구, 그리고 나이지리아 정부 기관이 모두 이곳에 위치해있다. 라고스와 아부자는 비행기로 약 1시간 거리로 내륙 항공편이 자주 운행된다. 그렇다면 아부자는 어떻게 라고스를 제치고 나이지리아의 수도가 되었을까?

● 아부자로 진입하는 입구. 산과 나무로 둘러싸여 있다.

● 아부자의 외곽에 있는 거대한 돌로 이루어진 아쇼록. 대통령궁, 국회, 대법원 등이 위치해있다.

라고스는 고대부터 요루바족을 중심으로 발달하여 지금도 경제·문화적으로 나이지리아를 상징한다. 그래서 독립 이후 자연스럽게 수도 역할을 했다. 그러나 1976년 군부 지도자였던 무탈라 무하메드*Murtala Muhammed*가 36개 주를 대표하는 연방 국가의 수도 역할까지 라고스가 한다면 도시 과포화 상태가 심각해질 것이라며 연방 수도를 아부자로 공표했다. 당시 아부자는 숲으로 둘러싸인 미개척 지역으로 몇 개의 소수 민족집단만이 살고 있었다. 정치적 중립성과 이해관계에서 자유로울 수 있는 이러한 점이 수도로 선정된 주된 요인이다. 물론 나이지리아의 중심부에 있다는 지형적 위치도 긍정적 요소로 작용했다.

1976년 수도 이전 공표 이후 도시 개발이 착수되었고 1991년 대통령이 거주하는 실질적인 수도가 되었다. 행정 수도이다 보니 비즈니스 측면에서는 라고스와 같은 역동성은 없지만 라고스에 비해 교통 체증도 훨씬 덜하고 상대적으로 조용한 분위기라 살기에는 좋다.

아부자는 특정 민족집단이 거주하던 지역이 아니므로 초기에는 종교적인 색채가 거의 없었으나 정치계를 주도하는 하우사족이 아부자로 이주하면서 지금은 이슬람 문화의 모습이 많이 보인다.

카노

북부 이슬람 문화를 대표하는 도시 중 하나인 카노는 고대 하우사 7개 왕국 중 하나일 정도로 오랜 역사를 자랑한다. 사하라 사막을 통해 이슬람이 전파되었고 하우사족이 대다수를 차지하고 있다. 유럽인의 침략으로 노예 무역과 상업의 중심지가 된 뒤에는 다양한 민족집단과 외국인이 거주하고 있다.

카노는 고유의 하우사 문화를 유지해오고 있다. 그중 덜바 축제*Durbar Festival*는 이슬람의 중요한 절기에 열리는 나이지리아의 큰 축제 중 하나로 전통 복장을 입은 사람들이 형형색색의 말을 타고 행진하는 것으로 유명하다. 전통을 중시하는 문화가 강하다 보니 카노는 주지사 못지않게 추장*Emir*도 정치·사회적으로 큰 영향력을 행사한다. 일례로 2009~2014년 나이지리아 중앙은행 총재를 역임했던 무하마두 사누시*Muhammadu*

● 덜바 축제 때 말을 타고 행진하는 사람들

*Sanusi*는 총재직에서 물러난 뒤에도 카노의 추장으로 추대되어 자신의 영향력을 이어갔다.

포트 하코트

'포타코트'로도 불리는 포트 하코트는 나이지리아 남부 나이저 삼각주 지역에 위치해있다. 풍부한 수량과 자연환경에 힘입어 오랫동안 농업이 발달해왔으며 '정원도시*Garden city*'라고 불릴 만큼 아름다웠다.

그러나 1950년대 말 석유가 발견되면서 인구가 급속도로

● 한때는 '정원도시'로 불렸으나 석유 산업의 급속한 발전으로 거대 도시가 된 포트 하코트의 도심 지역

늘고 도시화가 되기 시작했고 현재는 나이지리아에서 다섯 번째로 인구가 많은 대도시로 변모했다. 쉘, 쉐브론 같은 다국적 석유 기업이 석유 탐사와 개발을 하면서 유전 지대 부근은 더 이상 농업을 할 수 없을 정도로 자연이 파괴되었고 지역 공동체와도 첨예한 갈등을 겪고 있다.

포트 하코트는 라고스에 이어 두 번째로 큰 항구 도시이기도 하다. 이곳을 통해 원유, 석탄 등 2차 산업을 위한 원자재 수출입이 활발하게 이루어지고 있으며 이에 따라 항공, 철도, 고속도로 등의 물류 인프라도 잘 갖추어져 있다.

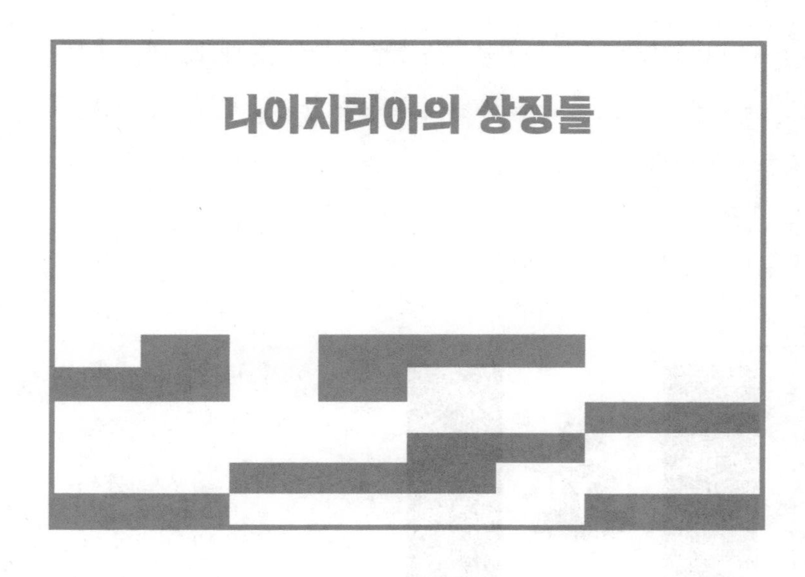

나이지리아의 상징들

국기

● 2018년 평창 동계올림픽 개막식 당시 나이지리아 국기를 들고 입장하는 나이지리아 선수들

나이지리아가 현재의 영토를 갖추고 국가 형태가 된 지는 100여 년밖에 지나지 않는다. 1914년부터 영국이 지금의 나이지리아 북부와 남부 지역을 하나로 묶어 통치하다가 1960년 독립하면서 신생국이 된 터라 국가의 상징성이 우리나라처럼 크진 않다.

나이지리아 국기는 공모를 통해 선정했는데 200개가 넘는 민족집단을 하나로 묶기 위해 비교적 단순한 디자인을 채택했다고 한다.

국장

● 공공 기관에서 사용되는 나이지리아 국기

나이지리아의 국장은 흰색 말 두 마리가 독수리로 보이는 새를 좌우로 호위하는 형상으로 아래 부분에는 '통일과 충성, 평화와 점진 *UNITY AND FAITH, PEACE AND PROGRESS*'이라고 적혀 있다. 정부 및 공공 기관을 방문하면 국장이 포함된 국기를 발견할 수 있다. 공무원 유니폼 및 공식 도장에도 국장이 새겨져 있다.

국가

나이지리아의 국가 또한 국기처럼 공모전을 통해 채택되었으며 영어 가사 외에 하우사어, 요루바어, 이보어 버전도 있다. 1978년부터 정식 국가가 되었다.

Arise, O Compatriots
일어나라, 오 동포들이여

1절

Arise, O Compatriots
일어나라, 오 동포들이여

Nigeria's Call Obey
나이지리아의 부름에 순종해

To serve our fatherland
우리 선조들의 대지를

With love and strength and faith
사랑, 능력, 충성으로 받들자

The labour of our heroes past,
과거 우리 영웅들의 노고는

shall never be in vain
결코 헛되지 않으리라

To serve with heart and might,
마음과 힘을 다해

One Nation bound in freedom, peace and unity
자유, 평화, 통합으로 하나 된 조국을 받들자

2절

Oh! God of creation
오! 창조주시여

direct our noble cause
우리에게 숭고한 동기를 인도하시고

Guide our leader's right
저희 지도자의 권리를 알려주시고

Help our youth the truth to know
청년들이 사랑과 정직함으로 성장해

In love and honesty to grow
진리를 깨달을 수 있도록 도와주시고

And living just and true
그들의 정의롭고 진실된 삶을 살게 하소서

Great lofty heights attain
저 높은 곳에 도달해

To build a nation where peace and justice shall reign.
평화와 정의가 통치하는 곳에서 나라를 세우게 하소서

나이지리아 국가 듣기

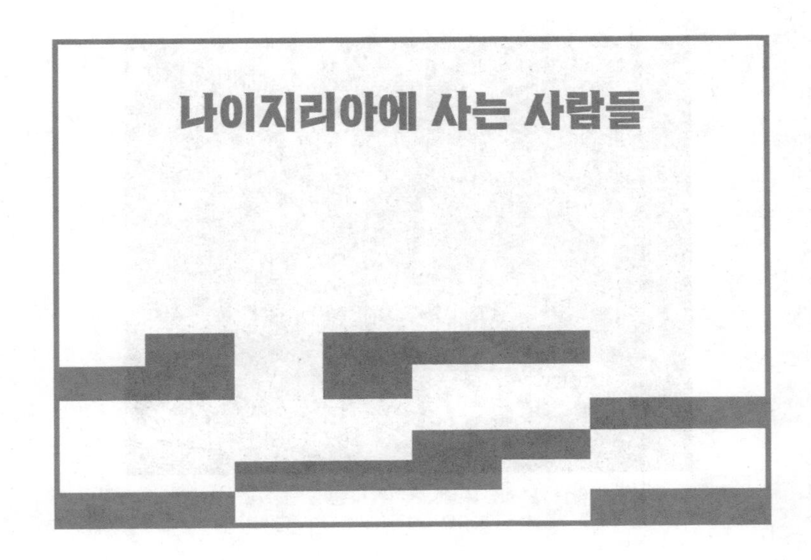

나이지리아에 사는 사람들

나이지리아에는 300개 이상의 민족집단과 520개 정도의 언어가 존재한다. 사실 나이지리아 사람들에게는 '국가'보반 '민족집단'이라는 개념이 훨씬 밀접하다.

나이지리아의 대표적인 민족집단으로는 하우사-풀라니족*Hausa-Fulani*, 요루바족*Yoruba*, 이보족*Igbo*이 있다.

● 나이지리아는 민족집단별 활동 지역이 나뉘어있다. 북부 지역은 하우사-풀라니족, 서남부 지역은 요루바족, 동남부 지역은 이보족이 주로 거주하고 있다.

하우사-풀라니족

하우사-풀라니족은 나이지리아 전체 인구의 30~35퍼센트를 차지하며 주로 나이지리아 북부 지역에 거주한다. 나이지리아 북쪽 국경을 마주하는 이웃 국가인 차드, 니제르, 적도기니, 카메룬 등에도 많이 거주한다.

14세기 무렵부터 사하라 사막을 통해 이주해온 풀라니족이 점차 하우사족과 동화되면서 하우사-풀라니족으로 통칭되었다. 하우사족이 사헬 지역에 기반을 둔 토종 서부 아프리카 사람이라면 풀라니족은 중동 국가와 오랫동안 무역을 하면서 이슬람교를 받아들여 생김새가 아랍인과 비슷하다. 외관상으로 하우사족은 키가 작고 다부지며 피부색이 다른 민족집단보다 검은 편이다. 반면 풀라니족은 얼굴이 하얀 편이고 코끝이 뾰족하다. 이들은 유목 생활을 하며 서부 아프리카뿐 아니라 중앙 아프리카까지 거주하고 있다.

● 하우사족의 여성들. 얼굴형과 코끝이 동그랗고 피부가 검은 편이다.

● 전통복을 입고 있는 풀라니족

이슬람 극단주의 테러조직인 '보코하람'의 근원지가 하우사족이 거주하는 지역인 탓에 이들에 대한 선입견이 있는데 이들도 보코하람의 납치, 살인, 자살 테러에서 주된 피해자이다.

요루바족

요루바족은 서부 아프리카에서 가장 오래되고 지배적인

● 화려한 머리 두건인 아쇼비는 요루바족의 대표적인 상징이다.

토착민으로 나이지리아 문화를 대표하는 화려함, 유쾌함, 적극성을 가지고 있다. 문화적 전통을 중시하고 기술이 섬세하고 정교해 섬유, 조각품, 예술 등 찬란한 문화유산을 많이 가지고 있다.

이들은 라고스를 포함한 남서부 지역에 기반을 두고 있으나 가나, 카메룬, 토고 등에도 거주하고 있다. 대서양과 인접한 곳에 거주하다 보니 유럽 국가와 가장 먼저 교류해 기독교를 비롯한 서구 문물을 받아들이는 것에 비교적 개방적이다.

이보족

이보족도 아프리카 지역에서 가장 오래된 민족집단 중 하나이다. 나이지리아 남동부 지역에 주로 거주하며 카메룬, 가봉 등 아프리카 지역뿐 아니라 무역, 유통 산업에 종사하면서 아시아, 유럽을 비롯한 세계 곳곳에 살고 있다.

● 《이보족이 부자로 성공하는 10가지 이유》라는 책도 아마존에서 판매되고 있다.

이들은 탁월한 비지니스 감각을 가진 것으로 유명하다. 낯선 환경을 두려워하지 않는 성향 덕분에 라고스의 대형 유통 시장뿐 아니라 중국 광둥, 서울 이태원 등 시장이 있는곳이라면 어디서든 만날 수 있다.

영국 식민지 시절 이보족은 유럽 선교사로부터 천주교를 받아들이고 독립 후에도 유럽 국가와 남부 지역에 인프라 사업을 지속하며 경제력을 키워나갔다. 그러나 1960년 독립 후 하우사족이 정치력을 행사하면서 상대적으로 차별당했다. 이에 반발한 이보족과 지도자들은 1967~1970년 나이지리아 연방 정부로부터 독립하기 위해 '비아프라 공화국*Republic of Biafra*'을 선포하고 중앙 정부와 내전을 치렀지만 패배했다. 이후 이들은 정치권력에서는 밀려났지만 탄탄한 경제력으로 나이지리아에서 여전히 큰 영향력을 행사하고 있다.

나이지리아는 유럽 열강의 침입으로 언어, 문화, 종교, 정체성이 다른 민족집단이 한 국가 안에서 살게 되면서 수많은 갈등과 소통에 어려움을 겪고 있다.

"쟤는 나랑 다른 민족집단이어서 안 놀아."

"쟤는 북부에서 와서 믿을 수가 없어."

"쟤는 이보족이기 때문에 거래할 때 특히 조심해야 해."

나이지리아 사람들과 친해지다 보면 이와 같은 이야기를 쉽게 들을 수 있다. 민족집단 간의 불신이 큰 탓에 나이지리아 사람들은 자국인보다 외국인과 비즈니스 하는 것을 더 선호하고 대선과 같은 정치적 이슈가 있을 때마다 민족집단 간의 갈등이 첨예하게 불거진다. 민족집단 간의 갈등으로 인한 사회적 불안, 불화합에 대한 대가는 결국 국민이 치뤄야 한다는 점에서 민족집단 간의 화합을 위한 노력이 절실히 필요하다.

요루바어 배워보기

오랫동안 영국의 식민 지배를 받은 탓에 나이지리아는 영어가 공용어가 되었다. 특히 국제도시인 라고스에서는 영어로 소통하는 데 아무런 문제가 없다. 나이지리아 사람들은 같은 민족집단끼리는 그들의 고유어로 소통한다. 하지만 라고스에서 가장 많이 접하게 되는 요루바족의 단어를 익혀놓으면 현지인과 좀 더 친근해질 수 있다. 단, 요루바어를 사용할 때는 상대가 요루바족인지 먼저 확인하는 것이 좋다. 다른 민족에게 요루바어로 인사를 건네면 그다지 좋아하지 않는다.

뜻	표기	발음
좋은 아침입니다	E-Kaaro-o	에카로
환영합니다	Ekaa-bo	에카보
안녕하세요	Bawo-ni	바워니
잘 가세요	Odabo	오다보
아무 문제없어요 괜찮아요	Kosi Wahala	코시 와할라
감사합니다	Ese	에셰
빨리빨리	Oya Oya	오야오야
사장님 / 보스	Oga	오가

함께 생각하고 토론하기

나이지리아는 한 국가이지만 그 안에 다양한 민족집단과 문화가 형성되어있습니다. 나이지리아를 구성하는 대표적인 민족집단으로는 요루바족, 이보족, 하우사-풀라니족이 있습니다. 아프리카 최대의 산유국이자 가장 큰 경제 규모를 바탕으로 세계 무대에서 정치·경제적 위상이 높은 나라가 나이지리아입니다.

● 이 책을 읽기 전 나이지리아를 생각하면 어떤 이미지가 떠올랐는지, 왜 그렇게 생각했는지 이야기를 나눠봅시다.

●● 나이지리아의 경제 수도 라고스와 행정 수도 아부자를 우리나라 도시와 비교하여 각각의 특징을 찾아봅시다. 그리고 도시를 더 발전시킬 수 있는 방법에 대해서도 이야기해봅시다.

●●● 나이지리아의 주요 민족집단인 하우사-풀라니족, 요루바족, 이보족에 대한 각각의 느낌을 이야기해보고 자신은 어느 민족집단의 특성과 비슷한지 생각해봅시다.

2부

나이지리아 사람들의 이모저모

잘 익은 과일은 정직한 사람을 알아보고 떨어진다.

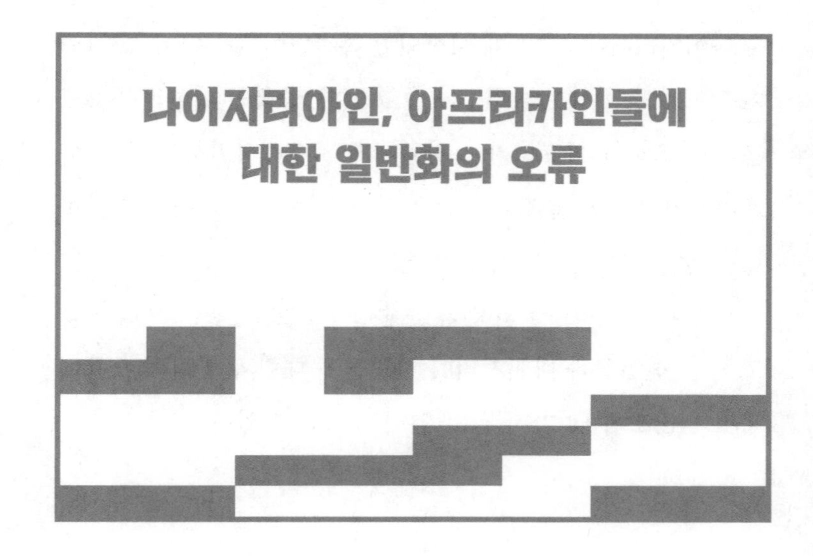

나이지리아인, 아프리카인들에 대한 일반화의 오류

아프리카 국가에서 지내다 보면 "니하오?" 또는 "차이나?" 라는 소리를 자주 듣는다. 중국인, 일본인, 한국인을 잘 구분하지 못하는 것이다. 솔직히 그런 말을 들으면 기분이 좋지는 않다. 그러면 우리는 어떠한가?

"통관비 보내달라" 17억 원 꿀꺽…아프리카 사기단 검거

- 한국경제 2021년 11월 9일 자

"한국 가면 같이 살자"던 미 여군…잡고 보니 아프리카 남성들

- MBC 뉴스 2021년 8월 11일 자

나이지리아에는 300개 이상의 민족집단이 존재하며, 2021년 기준으로 13억 정도의 인구가 살고 있다. 중국인과 한국인을 구분하지 못하는 아프리카 사람들에게 서운해하면서도 정작 아프리카인에 대해 부정적인 선입견을 주는 이런 기사들은 아무렇지 않게 받아들이고 있진 않은가.

나이지리아 사람들의 실제 모습을 살펴보기 전에 우리가 갖고 있는 선입견과 나이지리아 사람들에 대한 일반화의 오류에 빠지지 않도록 몇 가지 짚고 넘어갈 필요가 있다.

평균 소득은 일반 국민의 평균적인 소득이 아니다

나이지리아에 살면서 이해하기 힘든 것 중 하나가 상상을 초월하는 빈부 격차였다. 런던에서 가장 많은 소비를 하는 사람들이 나이지리아 출신이고, 전 세계에서 가장 많은 어린이가 학교 교육을 받지 못하는 나라도 나이지리아이다. 교통 체증으로 차가 잠깐 멈추면 차창에 온갖 손자국을 내며 애절한 눈빛으로 구걸하는 서너 살짜리 어린이들과 그 사이를 지나가는 최신형 롤스로이스 스포츠카가 극명한 대조를 이룬다.

도로 한 편에는 과자, 음료수 등을 파는 노점상 판매상과 '케케'라고 불리는 삼륜 전동차를 몰며 호객 행위를 하는 청년 등 하루 벌어 하루 먹고 사는 사람들이 있다. 세계은행 통계에 따르면 나이지리아의 경제 활동 인구 중 80.4퍼센트가 비공식 영역에 머무르고 있다. 다섯 명 중 네 명이 노동자로서의 권리와 의무를 존중받지 못하고 일한다는 의미이다. 이들이 일하는 직종은 개인 운전사, 가사 도우미, 건물 경비원, 청소부 등 다양하지만 청년 인구는 넘쳐나는데 일자리는 턱없이 부족해 한 달에 얻는 수입이 10만 원을 넘지 못하는 경우가 많다.

그렇다고 경제 활동자 대부분이 절박한 상황에 처한 것은 아니다. 국가 제도 및 환경은 미비하지만 나이지리아 사람들은 끊임없이 기회를 찾고 사업 아이템을 발굴한다. 고질적인 교통 체증, 인프라의 부족이 디지털화를 촉진시켜 소셜 미디어, 전자상거래 플랫폼 등이 급속히 성장하고 있으며, 특히 여성이 정치·사회적으로 두각을 나타내고 있다. 영국, 미국 등 해외에서 공부하고 세계적인 벤처 캐피털 투자사로부터 막강한

● '여성 사업가의 날'을 기념한 컨퍼런스에 모인 여성들

투자를 유치해 스타트업을 운영하는 여성 사업가가 점차 늘고 있다.

우리의 과거 현재 미래가 함께 있는 나이지리아

나이지리아의 낙후된 마을과 만연한 부정부패 상황을 보면 우리나라 과거 모습이 떠오른다. 나이지리아도 우리나라처럼 순차적으로 발달해가는 면이 있을 것이다. 그러나 그들은 우리의 과거와는 조금 다르다.

하루 벌어 하루 살아가는 청년도 스마트폰으로 소셜 미디어를 활용하고 BBC 뉴스를 보며 세계정세를 파악한다. 특히 라고스 시민들은 우리보다 훨씬 개방적이고 포용적인 마인드를 가지고 있다. 현지 화폐 가치가 달러 대비 매년 평가 절하되고 경쟁력을 상실하다 보니 디지털 화폐에 관심이 높아져 나이지리아는 세계에서 가장 많은 인구가 가상화폐를 거래한다는 통계도 있다.•

• 2020, Statista 데이터 기준

세계 속의 나이지리아 사람들

나이지리아 사람들을 이해하는 것은 세계를 이해하는 데 있어 매우 중요하다. 아프리카에서 가장 많은 인구가 살고 있기 때문만은 아니다. 이들은 진취적인 성향과 영어를 모국어로 사용하는 덕분에 전 세계를 무대로 활동하고 있으며 이들의 영향력은 세계 정치·경제에서 점차 커지고 있다.

그들은 나이지리아인의 정체성을 잃지 않으면서도 타 문화에 빠르게 적응하여 세계시민으로서의 영향력을 넓히고 있다. 따라서 나이지리아 사람들을 이해하고 그들의 문화를 이해하는 것은 서부 아프리카의 주류 문화를 알게 되는 것이고 이는 세계시민으로서 문화 인텔리전스•를 높이는 큰 자산이 될 것이다.

• 문화 인텔리전스(Cultural Intelligence)는 CQ라고도 하며 다른 문화적 배경의 사람들과 환경을 효과적으로 다루는 능력으로써 IQ와 더불어 중요한 개인의 능력으로 정의된다.(Earley&Ang, 2003)

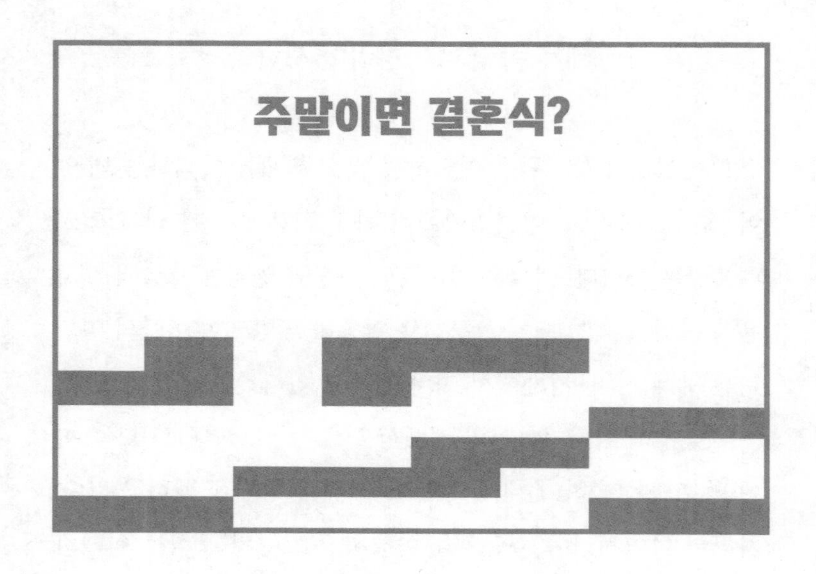

주말은 나이지리아 사람들에게도 휴식 시간인 동시에 공동체 구성원으로서 중요한 활동을 하는 시간이다. 문화 예술 시설이 많지 않고 출퇴근 시 교통 체증이 심하다 보니 주중에는 여가 활동하기가 여의치 않다. 따라서 주말이 되면 결혼식, 종교 활동, 각종 이벤트로 사람들의 복장이 화려해진다. 이 중에서 결혼식은 나이지리아 사람들에게 매우 중요한 의미를 지니며 그만큼 절차도 복잡하다.

먼저 그들은 살고 있는 지역의 가정법원에서 혼인 신고를 한다. 이를 '법정 결혼'이라고 부른다. 하지만 우리처럼 혼인 신고서에 서명하고 끝내는 것이 아니라 법정에서 실제로 결혼 예복을 입고 혼인 신고를 한 후 지인들을 초대해 간단한 파티를 연다. 이것이 끝나면 전통 결혼식과 서양식 결혼식을 치른다.

전통 결혼식은 민족집단의 전통에 따라 조금씩 다르지만 보통은 전통복을 입고 신랑 신부의 고향에서 부모님과 친척들을 초대해 며칠 동안 진행되기도 한다. 서양식 결혼식은 대개 기독교, 천주교를 믿는 요루바족과 이보족들이 교회나 성당에서 치른다. 이슬람교를 믿는 하우사족은 이를 생략하기도 한다. 서양식 결혼식은 일반적으로 예비부부가 거주하는 지역에서 치르기 때문에 거의 모든 민족집단이 한데 모여 사는 라고스는 주말만 되면 결혼식에 참석하는 이들로 분주하다.

결혼식에 초대된 하객들 역시 결혼식마다 드레스 코드에 맞추어 자신의 패션 감각을 뽐내며 온종일 춤추고 먹고 즐기며 결혼식을 즐긴다. 과거에는 20대 초중반이 결혼 적령기였으나 핵가족화가 되어감에 따라 점차 결혼 연령대가 20대 후반 혹은 30대까지 늦춰지고 있다. 나의 현지 직원 중에도 30대 중반의 여성 두 명과 30대 후반의 남자 운전사 모두 미혼이었다. 현지 친구 중에는 40대 전문직 미혼 여성도 꽤 있었다. 이들은 주변 사람들로부터 결혼에 대한 압박을 받긴 하지만 억지로 떠밀려 결혼하고 싶지는 않다고 말한다. 라고스와 같은 대도시에서는 이러한 추세가 앞으로도 증가할 것 같다.

● 전통 결혼식 모습

● 성당에서 치르는 서양식 결혼식

인간은 누구나 아름다움에 대한 욕구가 있다. 그러나 아름다움의 기준은 시대와 장소에 따라 다르다.

한동안 전 세계적으로 미의 기준은 미국 문화의 영향을 받아 금발 머리에 큰 눈, 오똑한 코를 가진 백인 할리우드 배우였다. 이는 고유의 역사와 정체성을 수백 년간 잃어버렸던 흑인에게도 마찬가지였다.

아름다움의 기준, 흰 피부와 긴 생머리

나이지리아 사람들을 만나면 자주 듣는 말이 있다.

● 나이지리아 톱 여배우 리타 도미닉(왼쪽)과 아데수아 아토미(오른쪽)

"난 너의 피부색이 마음에 들어."

"너처럼 머릿결이 부드러우면 소원이 없겠다."

그럴 때면 나는 항상 이렇게 답했다.

"난 너의 피부색이 더 아름답게 느껴지는데?"

"나는 너의 탱탱한 피부가 부러워."

그러나 마음 한편으로는 이들은 왜 자신의 모습을 있는 그대로 사랑하지 않을까라는 의문이 들곤 했다.

나이지리아 여성들은 피부를 하얗게 만들어주는 화장품을 많이 소비한다. CNN 조사에 따르면 나이지리아 여성의 75퍼센트가 화이트닝 제품을 구매한다고 한다. 날리우드 영화나 드라마에 등장하는 배우를 보면 이목구비가 뚜렷하지 않아도 비교적 피부색이 밝다. 이들이 생각하는 미의 기준을 엿볼 수 있는 부분이다.

머리결과 가발도 나이지리아 여성들의 미적 기준에 중요한 요소이다. 흑인 모발은 특성상 긴 생머리를 하기가 쉽지 않다. 그래서 그들은 연장 머리카락을 연결해 브레이드로 땋거나 붙인다. 날리우드의 톱 여배우인 리타 도미닉*Rita Dominic*과 아데수아 아토미*Adesua Atomi*의 사진을 보면 연장 머리카락을 붙여 마치 자신의 머리카락처럼 보이게 스타일링했다.

● 린다 솔피아 제품

연장 머리카락으로 스타일을 만들기가 귀찮으면 가발을 쓰기도 한다. 하지만 자연스럽고 윤기 있는 인모로 만들어진 가발은 10만 원을 훌쩍 넘고 합성 섬유로 만든 인조 가발은 한 달 정도 지나면 수명이 거의 달하기 때문에 새로운 가발을 구매해야 한다.

인모는 브라질, 인도, 중국 등에서 주로 수입하고, 인조 머리카락은 인조 섬유를 개발해 아프리카에서 현지 생산하는 한국과 일본 기업이 높은 시장 점유율을 차지한다. 나이지리아에 본사를 둔 '린다 솔피아'는 대기업을 제외한 한국 기업 중 가장 많은 한국인과 수천 명의 현지인을 수십 년째 고용하고 있다.

달라지고 있는 아름다움의 기준

● 자신만의 고유한 아름다움을 가진 나이지리아 여성들. 같이 일하고 있는 직원들이다.

세계적으로 흑인들의 인권에 대한 관심이 높아지고 흑인들의 위상이 달라지면서 나이지리아에서도 미의 기준이 조금씩 바뀌고 있다. 백인 여성의 스타일에 억지로 자신을 맞추기보다 흑인 모발의 특성을 살린 스타일을 선호하고 피부톤도 무리해서 하얗게 보이기보다 자신의 피부톤을 건강하게 가꿀 수 있는 영양 제품을 선호하는 경향이 생겨나고 있다.

놀랍게도 미국에서 흑인 여성들의 헤어용품을 가장 많이 공급하는 기업들이 한국계라고 한다. 나이지리아에서도 한국 화장품과 헤어용품을 선호하는 여성이 늘고 있는데, 화학 성분으로 오염된 물과 강한 자외선 탓에 손상된 피부에 적합한 기능성 화장품에 대한 수요가 특히 높다. 나이지리아 사람들에 대한 이해와 관심이 높아질수록 그 시장과 소비자를 이해하게 되고 이는 비지니스를 성공으로 이끄는 경쟁력이 된다.

브랜드에 집착하는 사람들

"바이로 좀 줘 봐."

"오모 좀 사다 줄래?"

"카타필라 공사를 조만간 할 예정입니다."

이들이 하는 말은 영어일까? 현지어일까? 처음에는 무슨 말인지 몰라 되물었다.

이 말을 풀어쓰면 다음과 같다.

"펜 좀 줘 봐."

"세탁 세제 좀 사다 줄래?"

"굴삭기 공사를 조만간 할 예정입니다."

바이로*Biro*는 영국에서 최초로 볼펜을 발명한 사람이자 브랜드 이름이고, 오모*Omo*는 나이지리아에서 가장 유명한 세탁 세

● 자신의 롤스로이스(왼쪽)와 마세라티(오른쪽)를 두고 포즈를 취하고 있는 나이지리아 이보족 사업가

제 브랜드이다. 그리고 카타필라*Caterpillar*는 중공업 건설 공사에 필요한 장비를 납품하는 미국 회사 이름이다. 나이지리아 사람들은 브랜드에 대한 애착이 매우 크며 자신이 좋아하는 브랜드명을 보통명사화하는 것을 즐긴다.

휴고보스 로고가 크게 박힌 티셔츠를 입은 나이지리아 남성이 번쩍거리는 롤렉스 시계를 차고 도요타의 럭셔리 지프 레인지로버를 몰며 고급 호텔에 미팅하러 가는 모습은 나이지리아 상류층의 전형적인 모습이다. 사실 이들의 소비 성향은 다른 나라 상류층과 큰 차이가 없다. 약간의 특이점이라면 브랜드를 과시하고자 하는 욕구가 좀 더 큰 정도이다. 그래서 대중이 브랜드를 알아보지 못하고 지나치지 않도록 친절하게(?) 브랜드가 크게 보이고 눈에 띄는 패턴과 색상을 선호한다.

품질 좋은 중저가 제품보다는 짝퉁

그렇다면 상류층이 아닌 사람들은 어떻게 브랜드를 소비할까? 나이지리아 대표 서민층이라고 할 수 있는 운전기사들은 한 달에 10만 원 정도의 수입을 얻지만 그들도 주말이 되면 하나같이 루이뷔통, 샤넬 같은 명품 로고가 가득한 티셔츠와 작동하지도 않는 짝퉁 롤렉스 손목시계로 멋을 낸 후 외출을 하거나 결혼식에 간다.

자가용을 가지고 있지만 도요타의 비싼 엔진오일을 구매하기에 예산이 넉넉지 않은 사람들은 엔진오일을 교체할 때도 중저가의 덜 알려진 제품보다는 고가 브랜드의 중고 제품이나 로고만 명품인 짝퉁 제품을 선택한다. 짝퉁 제품의 품질이 중저가 제품보다 안 좋다는 것을 알아도 짝퉁을 선호한다.

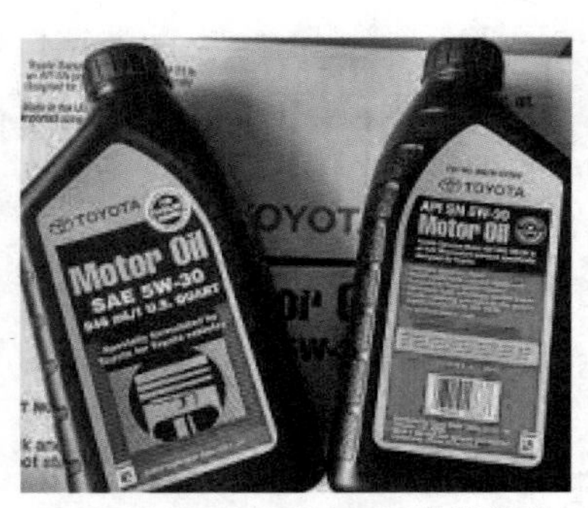

● 도요타 로고를 불법으로 사용한 엔진오일. 한눈에 봐도 정품이 아니지만 시장에서는 잘 팔리고 있다.

나이지리아 시장에 진출하고자 하는 자동차 부품 무역업체 대표와 함께 자동차용품 도매 유통시장을 방문한 적이 있다. 무역상은 대놓고 도요타나 현대 로고를 제품 위에 인쇄해달라고 요구했다. 아무리 한국 중소기업 제품의 품질을 설명하며 한국 기업 라벨을 그대로 사용하자고 해도 소용 없었다. 법적인 문제가 발생할 수 있다고 해도 본인이 알아서 처리하겠다고 했다. 실제로 나이지리아 시장에서 유통되는 제품 대부분은 유명 브랜드 로고만 새겨진 질 낮은 중국산 제품이다.

세탁 세제를 살펴보자. 나이지리아에서 오모는 비교적 저렴한 빨래 세제이며 이보다 더 저렴한 제품도 있다. 즉 품질과 가격 면에서 오모는 특별한 매리트가 있지는 않다. 하지만 빨래하는 사람들 옆에는 항상 오모 제품이 놓여있다. 오랫동안 끊임없는 브랜드 마케팅을 펼쳐 나이지리아 국민 브랜드로 자리잡은 것이다. 다른 브랜드가 쉽게 침투하기 어려운 지경이다. 그렇다면 나이지리아 사람들만의 특별한 브랜드 충성 심리는 어디서 오는 것일까?

브랜드에 집착하는 이유

나이지리아에서는 '신뢰'라는 단어를 찾기가 힘들다. 역사적으로 민족집단 간의 끊임없는 갈등과 차별 속에서 나이지리아는 민족집단 간 혹은 민족집단 안에서조차 신뢰를 잃었다. 시장에서도 마찬가지이다. 사람을 믿지 못하니 그들이 거래하는 제품도 믿을 수 없다. 나이지리아는 제조업이 취약하다 보니 대부분의 반제품 또는 완제품을 중국, 인도, 튀르키예, 두바이 등에서 수입하는데 이 과정에서 수출업체, 수입업자, 검역 당국, 세관원 간에 모종의 담합 관계가 형성된다. 실제 가격을 낮추어 신고하고, 검역 절차를 면제시켜주거나 품질이 좋지 않은 제품이라도 뒷돈을 받고 통관을 시켜주는 관행이 일상화되었다.

"어떻게 이런 불법적인 일을 합니까?"

"중국 사람들은 다 해주던데요? 중국 사람들이 우리를 이렇게 만들었어요."

엔진오일 품질을 낮추고 허위 정보를 넣어 라벨 작업을 하자고 제안하는 자동차 부품 수입업자는 중국 핑계를 댔다. 그러나 그와 중국업체가 합의해도 나이지리아 검역과 세관 당국이 협조해주지 않으면 이러한 제품들이 유통될 수 없었을 것이다. 이런 식으로 품질을 믿을 수 없는 제품이 시장에서 많이 유통되다 보니 일반인들은 그래도 친숙하고 믿을 수 있는 브랜드에 집착하는 것 같다.

나이지리아에서 명품 브랜드 제품을 구매하려면 다른 국가에서보다 비싼 값을 지불해야 한다. 그래서 나이지리아 사람들은 해외에 가면 쇼핑에 집착한다. 2019년 12월 나이지리아 관세청장과 세관원들이 한국에서 열리는 콘퍼런스 행사에 참석한 적이 있는데 공식 일정을 마친 후 쇼핑몰에 간 그들의 모습은 조금 놀라웠다. 쇼핑몰 전 층의 물건을 거의 다 담다시피 했을 뿐 아니라 식품관 채소까지 모두 구입하고도 사이즈가 없어 옷을 못 샀다며 아쉬워했던 것이다.

중저가 제품이 없는 이곳에서 성공한 한국 주얼리 브랜드

나이지리아에는 중간 가격대의 브랜드가 많지 않다. 고가 브랜드 아니면 품질을 포기하고 구매하는 저가 시장으로 나뉘어져 있다. 중간 가격대 브랜드는 소비자의 신뢰를 얻기가 매우 어렵다.

2017년 나이지리아에서 주얼리 브랜드 사업을 시작했을 때 바로 이 점이 우려되었다. 나이지리아 유통시장을 개척해보겠다는 순진한 포부로 당시 한국에서 만든 스와로브스키 진주와 크리스털 주얼리를 소싱해 '아프로마afroma'라는 브랜드를 만들었지만 막상 나이지리아의 가장 유명한 오프라인 쇼핑몰에서 5~15만 원의 가격대로 판매를 시작해보니 과연 성공할 수 있을지 확신이 서지 않았다. 게다가 당시 나는 브랜드 마케팅을 할 수 있는 경제적 여력도 없었다. 그럼에도 도전해보고 싶었다. 그래서 공격적인 마케팅 대신 직원들의 옷차림과 제품 교육, 진열대 전시 그리고 한국 제품임을 강조하며 저가 주얼리 제품들과 차별화를 시도했다. 다행히 반응은 나쁘지 않았다.

처음에는 반신반의하며 조금씩 저가 액세서리부터 구매하던 고객들이 신제품을 자주 선보이고 늘 일관된 서비스와 품질을 보장하자 단골이 되었다.

하지만 3~4년 차가 되었을 무렵 코로나19 팬데믹이 덮쳤고 그 여파로 쇼핑몰에 방문하는 사람이 줄면서 주얼리 사업도 타격을 입었다. 게다가 나는 한국 복귀 계획이 있어 이 사업을 접어야 하나 고민이 많았다. 고심 끝에 현지 직원에게 맡기고 좀 더 버텨보기로 했는데 그 과정에서 변화가 생겼다. 팬데믹이 장기화되면서 현지의 많은 업체가 사업을 정리했을 때도 굳건히 버티는 아프로마를 고객들은 높이 평가했고 그 결과 팬데믹 이전보다 매출이 두 배가 오른 것이다.

● 나이지리아 주요 쇼핑몰에 입점해있는 아프로마

아직까지 아프로마가 선전하고 있는 비결은 끈질기게 버틴 결과이다. 또한 현지 직원들에게 제품 선정부터 마케팅 활동까지 전적으로 맡긴 덕분이기도 하다. 혹은 내가 사업의 수익보다는 직원들과 함께 성장하기를 바라는 마음으로 임했기 때문일지도 모른다. 유명 브랜드에 집착하는 나이지리아 사람들이 아프로마라는 브랜드를 마음으로 받아주어 감사할 따름이다. 나이지리아에선 신뢰를 쉽게 얻을 수 없다. 하지만 그렇다고 불가능하지만은 않다는 것을 깨달은 계기였다.

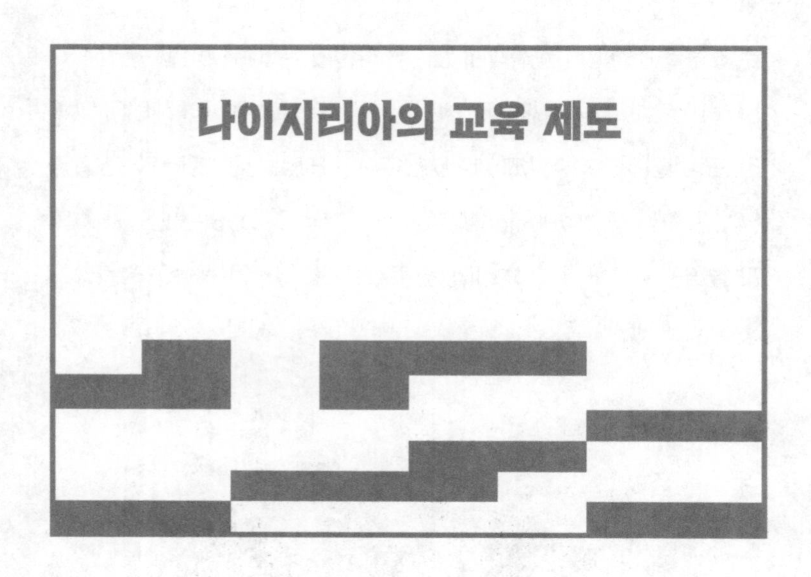

나라의 미래를 설계하는 투자라는 측면에서 교육은 빈부를 막론하고 국가 차원의 과제이다. 2018년 통계에 따르면 나이지리아 인구 중 62퍼센트 정도가 글을 쓰고 읽을 줄 안다.

나이지리아의 교육 제도는 우리나라처럼 초등학교 6년과 중학교 3년이 의무 교육이다. 고등학교 3년은 선택 사항이다. 다른 점이 있다면 우리나라는 거의 모든 아이가 중·고등학교를 졸업하지만 나이지리아에서는 가정 형편이 어려워 초등학교에서 중학교, 고등학교로 갈수록 학업을 이수하는 비율이 낮다는 것이다. 이런 아이들은 집안의 농사일을 돕거나 노동 현장으로 빠진다. 남학생보다 여학생의 학교 이수 비율이 더 낮은데 여성의 인권 의식이 낮은 북부 이슬람 문화권에서 특히 두드러진다.

초·중·고등학교 모두 공립 학교와 사립 학교가 있지만 교육의 질적인 면에서는 차이가 많이 난다. 공립 학교가 사립 학교보다 시설, 안전, 교사에 대한 처우 등이 훨씬 떨어지고 변화의 트렌드를 따라가지 못한다. 이런 이유로 중산층 이상의 가정에서는 1년에 30~40만 원, 많게는 100만 원 정도의 학비가 들지만 가급적 자녀를 사립 학교에 보내려고 한다. 두세 명의 자녀를 사립 학교에 보낸다고 했을 때 대학 입학 전까지 들어가는 사교육비에 대한 부담이 커질 수밖에 없다.

나이지리아에서는 우리나라 수학능력시험과 비슷한 UTME라는 시험을 치러 성적순으로 대학에 지원한다. 오랜 전통의

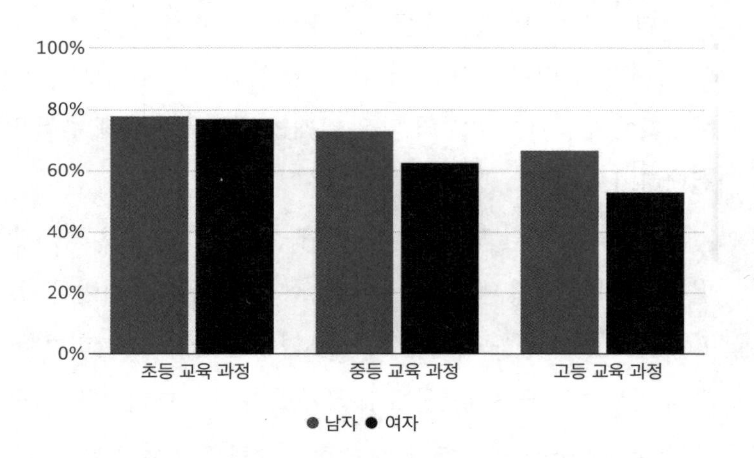

● 성별에 따른 나이지리아 아이들의 교육 과정 이수 비율. 고등 교육 과정으로 갈수록 이수 비율이 낮다.

● 1948년 영국인들이 설립한 이바단주립대학

인기 있는 대학은 이바단주에 위치한 이바단주립대학*University of Ibadan*을 들 수 있다.

그러나 유명 대학을 졸업해도 좋은 일자리가 보장되는 것이 아니다. 인맥이 없으면 취업하기가 어렵다. 그러다 보니 나이지리아의 젊은이들은 더 나은 미래를 개척하기 위해 유학을 선택하기도 한다.

2020년 약 10만 명의 나이지리아 젊은이가 해외로 유학을 떠났다. 전체 대학생의 약 10퍼센트에 해당하는 수치이다. 공용어인 영어를 잘 구사하는 이들은 영어권 국가 중 학비가 비교적 저렴한 미국, 캐나다, 유럽 국가로 유학을 떠나는데, 최근에는 국제기구나 개발 협력 장학 프로그램을 통해 일본, 중국, 한국으로 떠나는 학생도 점차 늘고 있다.

나이지리아 교육의 문제점

나이지리아를 포함해 대부분의 아프리카 국가에서 나타나는 교육의 문제점은 교과 내용과 질이다. 우리나라는 시대 변화에 발맞추어 보통 5년 주기로 교과서를 전면 개정한다. 그래서 서울 강남에 위치한 중학교나 지방 소도시에 있는 중학교의 교육 커리큘럼이 거의 비슷하다.

그러나 나이지리아의 교과 내용은 지역과 학교 수준에 따라 질적 차이가 크다. 공립 학교는 과거 식민지 유산이 그대로 실린 교과서가 사용되고 있어 유럽의 역사와 그리스 문학은 자세히 다루지만 나이지리아에서 일어난 노예 무역과 식민지 시절에 대한 내용은 거의 찾아볼 수 없다. 학비가 비싼 사립 학교의 교과 과정은 대부분 외국 기업이 제공하는 플랫폼과 콘텐츠를 기반으로 하기 때문에 원칙, 태도, 도덕성 같은 인문적 가치와 정체성 등에 대한 내용은 비교적 약하다.

가난한 집안에서 태어난 아이들은 등교 시간만 2시간 넘게 소요되는 공립 학교에서 힘들게 학업 과정을 거친다. 어려운 가정형편상 중학교만 겨우 졸업하고 바로 노동 시장으로 뛰어들거나 중퇴하고 노동을 시작하는 경우도 많다. 도시에서 오토바이나 자전거로 배달을 하거나 공장에서 부품 조립을 하는 청소년을 쉽게 발견할 수 있는 이유다.

대학 교육의 수준과 질이 취업을 위한 능력을 키우는 데 기여하지 못하고 있다는 점도 문제점이다. 노트북이나 IT 환경이 제대로 갖추어져 있지 않은 것은 물론 수업 중 전기도 들어오지 않는 대학도 많다. IT 환경이 갖추어지지 않다 보니 요즘에도 수기로 시험을 치르고 과제를 제출한다. 그래서 나이지리아에서는 대학을 졸업했다고 해도 우리가 생각하는 정도의 수준을 기대하면 안 된다.

5년 전 나이지리아에서 사업을 시작하며 고용한 직원 세실리아는 대졸자였고 이력서에 MS오피스 프로그램을 다룰 줄 안다고 적혀 있어 별도의 테스트를 하지 않았다. 하지만 채용 후 업무를 지시하니 컴퓨터를 사용해본 적이 거의 없어 프로그램 사용법을 처음부터 가르쳐야 했다. 세실리아처럼 대졸자이면서도 업무 수행에 필요한 능력을 갖추지 못한 인력이 대부분이다 보니 그들이 지원할 수 있는 직종은 판매직, 비서, 안내원 등 제한적이다. 게다가 구직자는 많고 일자리는 부족하다 보니 일반 사무직 월급이 20~30만 원 정도에 불과하다.

한편 문서 작업 능력이 중급 이상이고 다양한 업무를 수행할 줄 아는 경력자들은 외국계 기업이나 은행 등으로 취업하면 최소 50만 원, 석유업계는 200~300만 원 정도까지 받는다. 하지만 이런 직종 또한 능력이 있어도 인맥이 없으면 취업 기회를 얻기가 어렵다.

만일 나이지리아 정부가 모든 아이들에게 양질의 정규 교육을 제공하고 교육의 성취도에 따라 공정한 절차로 원하는 직

● 면접 대기 중인 청년들. 이들에게 취업의 문은 매우 좁다.

장에 취업할 수 있는 체계를 갖추는 데 성공한다면 인구의 절반 이상이 20대 이하로 이루어진 이 젊은 국가의 경쟁력은 크게 향상될 수 있을 것이다.

최근 우리나라를 비롯한 선진국들은 국제 개발 협력 사업의 일환으로 직업 교육 및 에듀테크, 교육 환경의 현대화를 지원하거나 효과적으로 교육할 수 있는 도구와 방법론을 제공하고 있다. 이를 나이지리아만의 방식으로 적절하게 활용하고 응용한다면 굳이 유학이 아니더라도 경쟁력을 두루 갖춘 인력을 양성할 수 있지 않을까 기대해본다.

나이지리아에서 여성으로 산다는 것

● 조안 레슬리

아부자에 위치한 여성부에서 커뮤니티 개발을 담당하는 책임 공무원 조안에게 나이지리아에서 여성으로 산다는 것에 대한 이야기를 들어보았다.

Q. 여성부에 지원해 일하게 된 특별한 동기가 있나요?

저희 부서는 도움의 손길이 필요한 여성, 소녀 및 취약 계층을 도와 사회 경제적 격차를 줄이는 일을 하고 있습니다. 정부의 성평등 정책을 수립하는 과정에도 발의 및 자문을 합니다.

저는 원래 인도주의적인 일에 관심이 많았습니다. 그중 여성, 토착민, 배우자를 잃은 여성의 환경 개선을 위한 일에 열정을 갖게 된 데는 제 성장 과정과 밀접한 관련이 있습니다. 저는 나이지리아 북부 지역에서 자랐는데 제 주변에 사회·경제적으로 불평등하고 힘든 환경에서 고생하는 여성이 많았습니다. 저개발된 지역의 여성 세 명 중 한 명은 육체적, 성적, 정서적 학대를 받습니다. 저는 감사하게도 먹고사는 걱정 없이 학교에서 정규 교육을 받을 수 있었지만 그렇지 못한 주변 여성들을 보고 십대부터 소외당하는 여성 공동체를 위해 일하고 싶다는 꿈을 꾸기 시작했습니다.

Q. 나이지리아 여성들이 전문직 여성으로 성장하는 데 가장 큰 어려운 점은 무엇일까요?

뿌리 깊은 가부장 제도라고 생각합니다. 나이지리아 남성들은 여성에게 아무렇지 않게 자신이 원하는 것을 강요하고 그러한 행동이 아무렇지 않게 정당화됩니다. 최근 여성의 사회 경제적 활동이 늘어나고 처우가 개선되고 있다고는 하지만 아직 갈 길이 멉니다.

Q. 가정이나 직장에서 여성의 교육이나 성평등에 대한 전반적인 인식은 어떻습니까?

정부가 성평등 캠페인을 시행하면서 여성의 역량 강화나 교육에 대한 인식이 높아지고 문자 독해율이 62퍼센트가 되는 등 전반적인 상황은 개선되고 있습니다. 그러나 나이지리아 북부 지역에서는 아직까지도 남성에게 교육의 기회, 사회적 기회가 더 많이 주어지고 있습니다. 여성은 직장에서 일하면서 가정을 돌봐야 하고 모든 책임을 져야 합니다.

Q. 여성이 독립적으로 성장하기 위해 제도적으로 필요한 것은 무엇이라고 생각하나요?

모든 여성에게 질 좋은 교육이 제공되어야 합니다. 지속 가능한 인적 자원 개발은 모두가 수준 있는 교육을 받을 때 가능합니다. 지방에 사는 여성이라고 해서 교육받을 수 있는 기회에서 소외되면 안 됩니다. 여성에 대한 고용 기회 또한 확대되어야 합니다. 성차별 인식이 사회에 만연해 여성이 남성보다 취업하기가 훨씬 어렵습니다.

Q. 여성 롤모델이 있다면 누구이고 그 이유는 무엇인가요?

● 아미나 모하메드 현 유엔 사무부총장

현 유엔 사무부총장이자 유엔 지속가능그룹의 회장인 아미나 모하메드가 제 롤모델입니다. 그녀는 나이지리아 북부 출신인데, 그 지역은 문화·종교적으로 성차별이 심해 남자아이만 학교에 보내고 여자아이는 조혼을 시키는 문화가 지배적입니다. 어려운 환경에서 지금의 성취를 이룬 그의 모습이 저를 비롯한 모든 이에게 희망을 줍니다.

Q. 정책을 결정할 수 있는 위치에 있다면 하고 싶은 일이 있나요?

나이지리아는 현재 여성 정치인 비율이 30퍼센트인데 50퍼센트로 늘리고 싶습니다. 정책을 결정하는 위치에 여성이 많을수록 여성을 위한 정책이 더 많이 나올 수 있으니까요. 여성의 고충은 여성이 더 잘 이해할 수 있습니다. 저는 그들의 삶에 밀접한 영향을 주는 문제와 복지 정책을 꼭 개선하고 싶습니다.

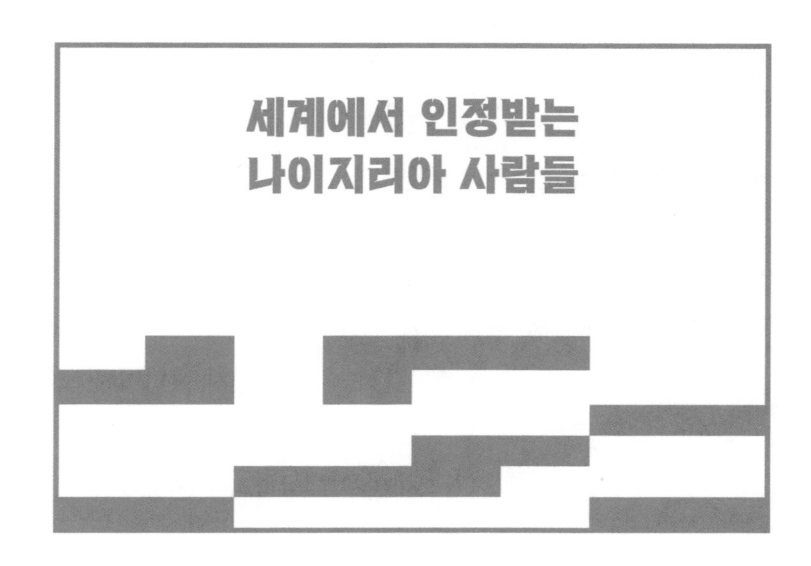

세계에서 인정받는 나이지리아 사람들

월레 소잉카

나이지리아를 대표하는 지성과 양심을 꼽는다면 역사의 산증인이자 사회 정의를 위한 행동가인 월레 소잉카*Wole Soyinka*를 소개하지 않을 수 없다.

1934년 요루바족 가정에서 태어난 월레 소잉카는 이바단 주립대학에서 영문학을 전공하고 대학 시절부터 희곡을 쓰기 시작했다. 영문학을 더 깊게 공부하기 위해 영국의 리즈대학*University of Leeds*에서 유학하며 젊고 유능한 작가들과 교류하면서 작가로서 활동을 본격적으로 시작했다. 그는 1960년 독립을 맞이하기 전에는 나이지리아의 독립을 위해, 독립 후에

● 월레 소잉카

는 군부 독재를 비판하고 부정부패, 기회주의 등 고질적인 나이지리아의 사회 이슈를 고발했다. 군부 독재를 비판하다가 체포되어 2년 동안 독방에 감금된 적도 있다.

그는 극작가이자 시인이자 소설가로서 "급변하는 나이지리아의 정치·사회적 상황을 현실적이면서도 미학적인 시로 표현할 줄 아는 작가"라는 평가를 받으며 1986년 사하라 이남 아프리카 국적자로서는 처음으로 노벨 문학상을 받았다.

2021년에는 소설 《지구상에서 가장 행복한 섬에서 사는 사람들의 연대기*Chronicles from the Land of the Happiest People on Earth*》를 출판해 현실을 풍자했다. 부정부패가 만연하고 정치와 종교로 분열된 사회에서 희생되는 사람들의 삶을 다양한 시각으로 표현하는 월레 소잉카는 현재까지도 민주주의를 위해 활발하게 활동하는 나이지리아의 지성이다.

치마만다 응고지 아디치에

월레 소잉카 뒤를 잇는 인물은 치마만다 응고지 아디치에

*Chimamanda Ngozi Adichie*이다. 그녀는 2019년 우리나라를 방문한 적이 있으며 소설가, 페미니스트, 인플루언서로서 전 세계를 무대로 목소리를 내고 있다.

● 치마만다 응고지 아디치에

그녀는 《태양은 노랗게 타오른다*Half of yellow sun*》라는 소설을 통해 나이지리아 역사를 탐구했다. 이 작품은 1960년 나이지리아가 영국에서 독립한 후 식민 지배에 협조했던 세력에 반발해 남부 지역의 이보족을 중심으로 세운 '비아프라 공화국'이 나이지리아 연방 정부와 내전을 벌인 역사적 사실을 기반으로 하고 있다.

이 소설은 치마만다 응고지 아디치에에게 10년간의 오렌지상 수상작 중 최고의 작품에 수여하는 '최고 중의 최고상'을 안겨주었고 〈뉴욕타임스〉 베스트셀러 목록에도 올랐다.

그녀는 테드 강연에서 '우리는 모두 페미니스트가 되어야 합니다'라는 주제로 여성의 권리 신장에 대해 의견을 내기도 했다.

"내가 페미니즘에 대해 이야기하기 시작한 순간 나는 나이지리아 사회에서 논쟁과 혐오의 대상이 되어가고 있다는 점을 느꼈다. (중략) 나는 악마라고 불려도 괜찮다. 나는 단지 정의로운 세상에서 살고 싶다. 모든 남녀가 평등하게 기회를 누릴 수 있는 세상에서 살고 싶기 때문에 페미니스트로서의 발언을 멈출 생각이 없다."

– 내한 기자 간담회에서

치마만다 응고지 아디치에는 아프리카 여성에서 나아가 세계 시민으로서 사회, 문화, 정치적 이슈에 대해 자기만의 시각으로 목소리를 내는 미래가 더욱 기대되는 여성 리더이다.

제인 애셔와 치웨텔 에지오포 남매

제인 애셔*Zain Asher*와 치웨텔 에지오포*Chiwetel Ejiofor*는 이보족으로 영국에서 태어나 현재 미국을 주 무대로 활동하는 남매이다. 제인 애셔는 CNN 앵커로 우리에게 알려졌으며 아프리카인들에게 '아메리카 드림'의 전형적인 모델로 여겨진다. 가족과 함께 미국으로 이주한 후 회사 리셉션 업무부터 시작한 그녀는 방송국 리포터를 거쳐 CNN으로 이직해 10여 년 넘게 아프리카 관련 정치·경제 프로그램을 진행하는 앵커로 활동하고 있다.

이보족 이름을 그대로 사용하는 그녀의 오빠 치웨텔 에지오포는 오랫동안 무명 배우로 활동했다. 그의 이마에는 큰 흉터

● CNN 앵커로 활발하게 활동하는 제인 애셔(왼쪽)와 그녀의 오빠이자 할리우드 배우인 치웨텔 에지오포(오른쪽)

가 있는데 열한 살 때 가족과 나이지리아에 갔다가 차 사고를 당해서 생긴 것이다. 남매는 그 사고로 아버지를 잃었다.

치웨텔 에지오포를 세상에 알린 작품은 브레드 피트가 제작한 할리우드 영화 〈노예 12년*12 years a slave*〉이다. 이 영화는 뉴욕에서 자유인 신분으로 살던 흑인이 하루 아침에 납치당한 후 남부의 농장으로 팔려가 12년 동안 노예 신분으로 살다가 자유의 몸으로 풀려난 실화를 기반으로 하고 있다.

주인공 역을 맡은 치웨텔 에지오포는 이 영화로 오스카상을 수상하며 세계적인 스타가 되었다. 이 영화를 찍은 스티브 맥퀸*Steve McQueen* 감독은 인터뷰에서 "치웨텔 에지오포의 모든 행동은 주인공과 똑같았다."라고 평가했다. 이 영화 이후에도 그는 정치·사회적인 이슈를 다루는 영화에서 활발한 활동을 하고 있다.

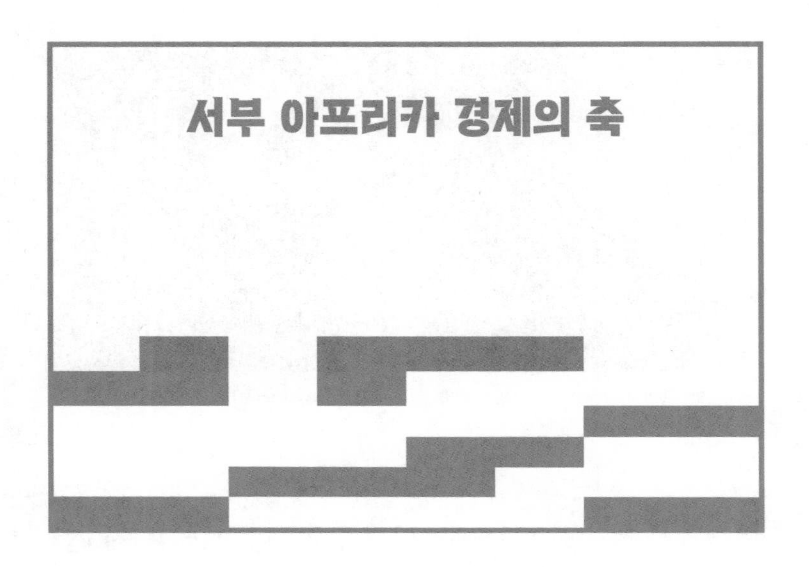

서부 아프리카 경제의 축

'아프리카의 거인'으로 불리는 나이지리아와 이를 둘러싼 주변국의 경제는 어떤 양상을 보이고 있을까? 아프리카의 대국이라는 점은 아프리카에서 그리고 세계적으로 어떤 의미를 지니고 있을까?

우리나라처럼 내수 시장이 작아 수출 위주로 경제가 돌아가는 나라는 수출을 많이 하기 위해, 즉 상대국의 시장에 진출하기 위해 양국 간의 시장 개방을 위한 자유무역협정*FTA, Free Trade Agreement*을 체결한다. 이는 국가 간에 일대일로 이루어지기도 하고 유럽연합*EU*처럼 경제공동체 단위로 이루어지기도 한다. 아직까지 우리나라와 자유무역협정을 체결한 아프리카 국가는 없다(2022년 2월 기준). 나이지리아를 비롯한 대부분의 아프리카 국가가 자국 시장 보호를 위해 아직 시장을 개방할 준비가 되어있지 않기 때문이다.

그렇다면 나이지리아는 어떤 국제 무역 체제와 규범을 따르고 있을까?

서부아프리카경제공동체

나이지리아를 중심으로 서부 아프리카의 정치·경제에 가장 큰 영향을 미치는 조직은 서부아프리카경제공동체*Economic Community of West Africa States*이다. 간단하게 '에코와스*ECOWAS*'라고 부른다. 나이지리아가 발의해 1975년 아부자에 본부를 두고 창설했다.

서부아프리카경제공동체는 서부 아프리카 국가 간에 공통 관세율을 적용하고 회원국 간에는 비자 없이도 이동을 자유롭게 했다. 정치적으로도 중요한 역할을 한다. 서부 아프리카는 군부 세력에 의한 쿠데타가 자주 일어나며 민족집단 간의 갈등이 많아 전쟁이나 테러의 위협이 끊이지 않고 있다. 나이지리아는 이러한 문제가 발발했을 때 중재 또는 견제를 하면서 서부 아프리카의 만형으로서 영향력을 행사하고 있다. 서부아프리카경제공동체를 대표해 에티오피아에 본부를 두고 있는 아프리카연합*AU, Africa Union*에 의견을 제시하기도 했다. 최근

● 아부자에 위치한 서부아프리카경제공동체 본부

서부아프리카경제공동체는 유럽연합처럼 정치·경제적 통합을 위한 공통 화폐 도입을 고려하고 있다.

아프리카자유무역협정

서부아프리카경제공동체 다음으로 중요한 경제 체제로는 2021년 1월 1일부터 발효된 아프리카자유무역협정*AfCFTA, African Continental Free Trade Area*을 들 수 있다. 아프리카연합이 주도해 만들어진 무역 협정으로 54개의 아프리카 회원국으로 이루어져 있다. 세계은행은 아프리카자유무역협정이 아프리카

● 아프리카자유무역협정 출범에 대한 결의가 2018년 르완다에서 이루어졌다.

를 하나의 시장으로 묶어 12억의 아프리카 인구를 수용하고 3조 달러 이상의 국내총생산을 창출할 수 있을 것으로 내다보고 있다. 특히 이 협정은 아프리카 현지 생산에 대한 혜택을 장려하고 규제를 완화해 우리나라 기업들도 많은 관심을 보이고 있다.

회원국 중 2억 이상의 인구와 최대 시장 규모를 지닌 나이지리아는 아프리카자유무역협정에서도 영향력이 지대하다. 2019년 7월 34번째 국가로 가입했지만 내수 경제에 미칠 영향을 우려해 국회 비준은 2020년 12월 5일에야 승인되었다. 아프리카자유무역협정 체제에 따른 효과보다 부작용이 더 클 것이라는 우려 때문이었다.

사실 아프리카 대륙 전체의 무역 규모는 전 세계 무역 규모의 2.6퍼센트에 지나지 않으며 아프리카 국가 간의 수출 규모도 전체 수출량의 15퍼센트에 불과하다. 게다가 아프리카 각국의 복잡한 이해관계, 아프리카 지역별로 견고하게 형성된 경제공동체들의 지배적인 영향력 등을 이유로 아직 아프리카자유무역협정은 본격적인 가동을 못하고 있다.

따라서 관세 및 비관세 장벽, 인프라, 물류 등의 난관으로 단일 시장으로서의 아프리카자유무역협정 체제가 실질적인 궤도에 도달하기까지는 많은 시간과 노력이 걸릴 것으로 보인다. 기회와 도전의 기로에서 나이지리아가 어떤 선택과 역할을 하는지에 따라 아프리카 대륙 역내 무역의 흐름에 큰 영향을 미칠 것이다.

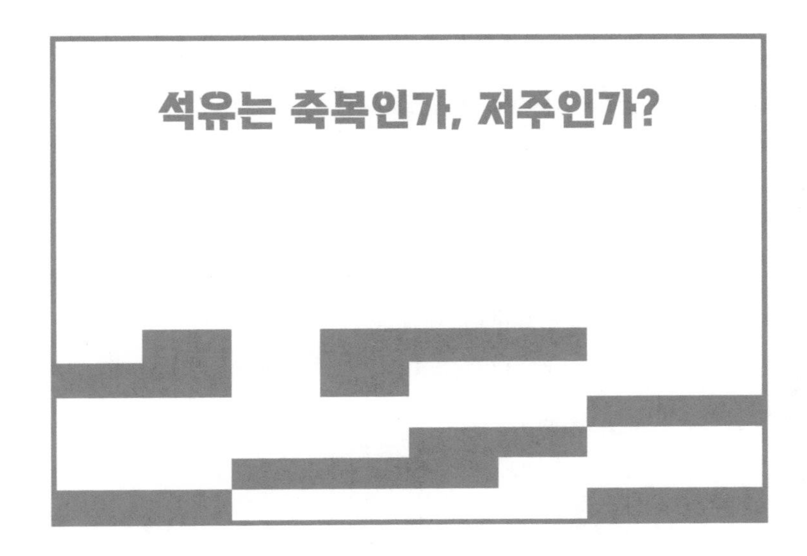

석유는 축복인가, 저주인가?

나이지리아는 케냐와 탄자니아처럼 아름다운 자연도 사파리도 없다. 즉 나이지리아를 찾는 방문객 대부분은 비지니스를 위해 오는 사람이다.

나이지리아 경제를 떠받드는 자원 하면 흔히 석유를 꼽지만 사실 나이지리아에는 석유 외에도 자원이 많다. 대서양의 파도는 완만하고 폭풍 같은 자연재해도 거의 없는데다 삼모작이 가능하다. 이러한 자연환경 덕분에 1960년대까지만 해도 농업은 나이지리아의 주요 산업이었다.

그러나 남부의 삼각주 곡창 지대에서 다국적 석유 회사인 쉘이 원유와 가스를 추출하는 데 성공하면서 농지는 순식간에 파이프라인과 원유 추출 설비 시설로 대체되었고 자연은 걷잡을 수 없는 속도로 파괴되었다. 현재 석유 산업은 나이지리아 국내총생산의 9퍼센트를 담당하며 국가 재정의 70~80퍼센트를 차지하지만 이에 대한 문제가 끊임없이 제기되고 있다.

그렇다면 나이지리아 석유 산업의 근본적인 문제점은 무엇일까? 중동 국가처럼 풍부한 원유를 바탕으로 산업을 발전시킬 수는 없을까? 지금부터 나이지리아의 석유 산업에 따른 문제점 세 가지를 짚어보도록 하자.

부가가치를 창출하기에는 부족한 원유 산업

나이지리아에서 생산되는 원유는 석유 완제품이 아니다. 원유를 추출한 후 디젤, 휘발유 등으로 정제해야 완제품으로써 부가가치를 창출할 수 있는데 이 역할을 할 수 있는 정유소가 거의 없다. 따라서 추출한 원유를 러시아, 인도 등으로 수출해 정제한 후 다시 달러를 내고 재수입한다.

원유의 수출 및 재수입은 나이지리아 국영석유공사*NNPC*가 담당하는데 이 국영 기업이 부정부패로 악명이 높다. 해외로 수출된 원유가 불법으로 거래되는 일도 많고 원유 생산에 대한 수익을 거의 다국적 기업이 차지하는 데다 나머지 수익에 정부 재정이 절대적으로 의존하므로 국제 유가에 따라 경제가 휘청거릴 수밖에 없는 것이다. 상황이 이렇다 보니 석유 대국인데도 주유소에는 휘발유가 없고 발전소에는 가스 연료가 부족해 전기 공급이 불안정하다. 디젤 원료를 구하지 못해 공장의 발전기가 돌아가지 못하는 아이러니한 상황도 반복된다. 국제 유가가 올라도 정부는 서민들의 반발 때문에 휘발유 가격을 올리지 못하고 석유 수입업자들에게 보조금을 지급하다 보니 하루에 200만 배럴 이상의 원유를 생산해도 정부는 늘 재정 적자에 시달린다.

반면 우리나라는 석유 자원은 없지만 탄탄한 제조업을 기반으로 나이지리아와 같은 산유국으로부터 원유와 천연가스를 수입해 석유 화학 제품으로 정제하여 내수용으로 사용하거나 해외에 수출하므로 국제 유가의 영향을 크게 받지는 않는

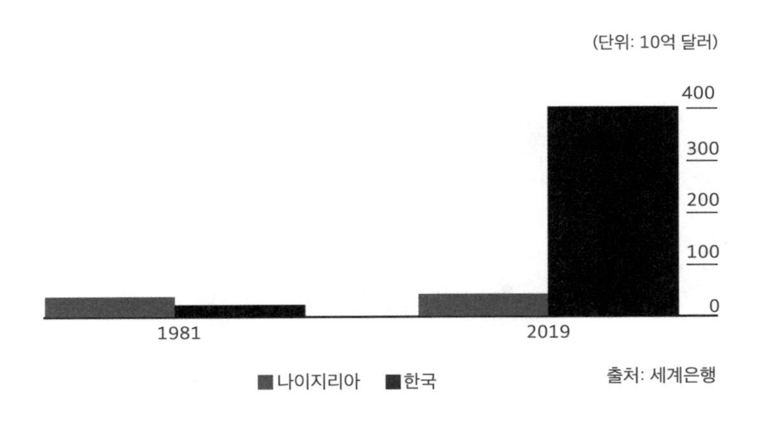

● 한국과 나이지리아의 제조업 규모

다. 원유를 비싸게 사면 완제품을 비싸게 판매하면 되기 때문이다. 나이지리아는 스스로 원유를 정제하는 기술을 갖추거나 석유 외의 산업 육성이 시급하다.

외국 미디어 블룸버그는 이러한 나이지리아 석유 산업의 문제점을 다루며 다음과 같이 한국과 나이지리아의 제조업을 비교한 바 있다.

"1981년까지만 해도 나이지리아의 제조업 규모는 한국보다 앞서 있었다. 하지만 2019년 기준 한국의 10퍼센트 정도밖에 안 된다. 석유의 황금기 동안 그 자리에 머물러 있었기 때문이다. 1990년도에 나이지리아보다 가난했던 인도, 중국, 베트남 모두 현재 나이지리아보다 훨씬 부유한 국가가 되었다."

석유 산업으로 파괴된 자연환경

두 번째 문제점은 석유 산업으로 인해 지역 커뮤니티와 서민들의 생계가 몰락했다는 것이다. 석유가 가장 많이 나오는 나이저 삼각주 지역은 나이지리아 남부의 기니만 연안에 위치한다. 전체 영토의 12퍼센트 정도를 차지하며 3,000만 명 정도의 인구가 거주하고 있다. 이곳은 석유가 발견되기 전까지만 해도 농업과 어업이 발달한 곡창 지대였다. 그러나 다국적

● 나이저 삼각주 지역에서 유출된 기름으로 파괴된 자연

● 불법으로 석유를 정제하는 나이저 삼각주 지역. 주변의 파괴된 자연 생태계가 심각하다.

석유 회사와 연방 정부가 지역 주민에 대한 고려 없이 원유 추출 장비를 설치한 결과 이 지역 자연환경은 파괴되고 서민들은 생계 수단을 잃었다.

2011년 엠네스티 보고서에 따르면 이 지역에서 유출된 기름은 1,750만 리터에 달한다고 한다. 서민들은 삶의 터전을 잃은 것에 대한 보상을 석유 회사 쉘에 요구했으나 쉘은 이를 순순히 받아들이지 않았다. 나이지리아 정부로부터는 아무런 결과를 얻지 못할 것을 예상한 지역 주민들은 쉘의 본국인 네덜란드 법원에 쉘을 제소해 50여 년을 투쟁했다. 그 결과 2021년 쉘이 1억 1,100만 달러를 배상해야 한다는 판결이 내려졌다.

유엔은 이 지역의 오염된 환경을 복원하려면 최소 30년이 걸릴 것으로 보고 있다. 재정적 보상이 파괴된 지역 경제와 이곳 사람들의 삶에 얼마나 기여할 수 있을지는 미지수이다. 삶의 터전을 잃은 사람들은 무장 단체에 가입해 연방 정부와 싸우거나 정치인들과 결탁해 석유 파이프라인을 파괴하고 불법으로 석유를 탈취하고 있다. 분쟁과 갈등이 여전히 끊이지 않는 것이다.

석유에만 의존하느라 놓쳐 버린 기회비용

마지막 문제점은 석유 산업으로 부를 누리는 동안 놓쳐 버린 지난 50년 동안의 기회비용이다.

유가가 리터당 100달러를 초과했던 2000년도 초반부터 2010년도 중반의 호황기 동안 중동 국가는 석유 산업으로 얻는 수익을 기술 증대, 산업의 다변화 등을 위해 투자함으로써 석유 고갈 이후를 대비하고 있다. 남부 아프리카에 위치한 세계적인 다이아몬드 생산국 보츠와나 또한 다이아몬드 산업을 국유화하고 그 수익을 인프라와 교육 등에 투자한 결과 남부 아프리카 지역에서 가장 민주적이고 발전한 국가가 되었다.

그러나 나이지리아는 이 기간에 부정부패에 발이 묶여 자립할 수 있는 기술을 갖추지 못했다. 경제의 근간이었던 농업은 석유 산업에 밀려 발전 기회를 놓쳤고 취약한 인프라와 낮은 생산성으로 비교 우위를 상실해 지금은 쌀, 밀 등의 곡물은 물론 대부분의 농산물을 중국, 러시아에서 수입하는 상황이 되었다.

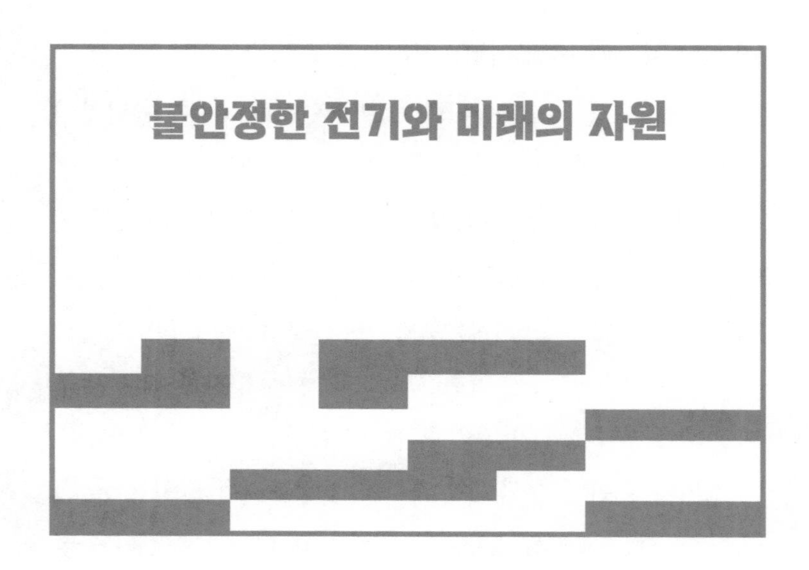

불안정한 전기와 미래의 자원

국가에서 제공하는 전기가 불안정하고 전력이 약해 나이지리아 대부분의 건물에는 별도의 자가 발전기가 설치되어있다. 건물을 설계하는 단계부터 발전기 위치가 포함되어있을 정도로 발전기는 나이지리아에서 필수적인 시설이다.

하지만 발전기는 디젤을 연료로 작동하기 때문에 유지 비용이 많이 든다. 하루 벌어 하루 먹고 사는 사람들에게 이는 큰 부담이라서 이들은 불편해도 나라에서 제공하는 전기에 전적으로 의존할 수밖에 없다. 나 또한 나이지리아에서 살면서 가장 힘들었던 것이 전기 문제였다. 아파트에 살면서 비싼 비용을 지불했지만 툭하면 전기가 들어오지 않았다. 몇 시간, 심하게는 밤새 들어오지 않은 적이 많았는데도 이에 대한 보상은 전혀 없었다. 과연 나이지리아는 언제쯤 전기 문제에서 자유로워질까?

나이지리아 미래의 자원

기후 변화로 인한 환경 문제로 전 세계가 탄소 중립과 지속 가능한 발전을 논의하는 상황에서 나이지리아는 석유 시대 이후를 어떻게 대비하고 있을까? 나이지리아에 석유가 고갈되면 대안은 없는 것일까?

● 일반 주택에 설치된 발전기. 소음과 발열이 크기 때문에 보통 건물과는 떨어져 있다.

● 태양광이 설치된 나이지리아 지방의 공공 건물

그렇지는 않다. 석유가 없어도 태양광으로 42만 7,000메가와트의 전력 발전이 가능하다. 월드뱅크 보고서에 따르면 나이지리아의 태양광 잠재 발전량은 인도와 비슷한 수준으로 세계에서 다섯 번째로 높다. 현재의 발전량이 5,000메가와트임을 고려할 때 나이지리아는 재생 에너지 시대에 활용할 수 있는 자원을 이미 확보한 셈이다.

이미 민간 기업들은 솔라 패널을 건물 지붕 위에 설치하고 태양광 기반의 전력 시스템을 구비해 발전기에만 의존하지 않고 있다. 공공 기관, 학교, 병원 등도 태양광을 설치해 운영비와 정전으로 초래되는 피해를 줄이고자 노력하고 있다.

태양광은 석유에 비해 초기 구축 비용이 여전히 비싸다. 하지만 발전기 유지 보수 비용, 디젤 원료 비용, 환경 오염 비용 등을 고려하면 장기적으로 석유를 대체하는 재생 에너지가 될 수 있다. 재생 에너지로의 전환으로 5~7배 더 비싼 디젤 기반의 에너지 비용을 줄이고 농업과 제조업을 육성시켜 자생적인 산업 기반을 구축한다면 나이지리아 미래에 희망을 걸어볼 수 있을 듯하다.

태양광의 효과성에 대해서는 이미 보스턴 컨설팅 그룹의 연구 보고서만으로도 놀라운 결과를 볼 수 있다. 지난 5년간 태양광 산업은 연평균 22퍼센트의 성장세를 보여왔으며 태양광을 설치한 중·고등학교에서는 학생들의 공부 시간이 그 전에 비해 200퍼센트 증가했고 IT 관련 수업 시간도 30퍼센트 이상이 늘었다는 통계가 나왔다. 또한 태양광을 설치한 50만 가구에서는 16만 톤의 이산화탄소 배출량이 줄어들었다. 중소 규모의 영세 기업체에서는 디젤 비용의 걱정 없이 일을 할 수 있게 되어 운영 시간이 늘었고 이는 매출 증대로 이어졌다. 하지만 하루아침에 석유 기반의 전력을 태양광으로 전환하기는 쉽지 않아 보인다. 나이지리아의 발전소 중 50퍼센트 이상이 여전히 디젤을 주 연료로 사용하고 있다.

한편 아프리카에서 가장 부유한 나이지리아인 사업가 당고테Dangote는 라고스 전역에 24시간 전력을 공급하겠다는 공약을 걸고 정부와 민간업체에서 130억 달러를 유치해 2013년부터 원유 정제소를 건설하고 있다. 원유 정제를 더 이상 해외에 의존하지 않고 나이지리아에서 자체적으로 한다면 국내 생산량 및 부가가치가 상승할 것이며 이는 경제 수도인 라고스의 생산성과 효율성에도 기여할 수 있을 것으로 보인다.

함께 생각하고 토론하기

우리가 남들에게 이해받고 싶은 만큼 세계 속에서 타 문화를 이해하는 것은 이제 필수가 되었습니다. 나이지리아 사람들의 다양한 특징을 살펴보며 그들을 있는 그대로 받아들일 수 있는 노력과 열린 마음이 필요합니다.

● 우리가 언론에서 접하는 아프리카 사람들에 대한 이미지와 한국에서 그들은 마주하게 되었을 때의 경험을 나누어봅시다.

●● 우리나라와 나이지리아의 교육 제도를 비교했을 때 어떤 장단점이 있는지 토론해봅시다.

●●● 한 사회에서 여성의 역할과 위치는 왜 중요할까요? 성평등을 위해 개선되어야 할 점은 무엇이 있을지 생각해봅시다.

3부

역사로 보는 나이지리아

동료 노예가 손발이 묶인 채 땅바닥에 내동댕이쳐질 때
구경만 하는 노예는 언젠가 자신도 똑같은 일을
겪을 수 있음을 명심해야 한다.

나이지리아의 전신 베냉 왕국

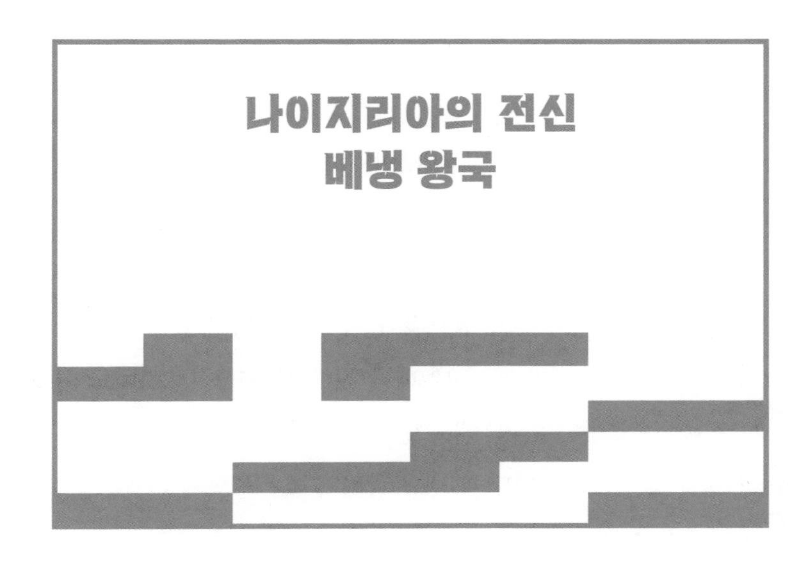

역사로 기록된 최초의 고대 왕국인 베냉 왕국이 번창했던 11세기로 가보자. 베냉 왕국은 지금의 나이지리아 남부에 있는 나이저 삼각주 지역에서 형성되어 1897년 영국에 합병되기까지 대서양 연안을 따라 존속했으며 가장 유서 깊게 발달했던 제국으로 평가받고 있다. 여기서 헷갈리지 말아야 할 것은 베냉 왕국은 현재 나이지리아를 구성하는 민족집단과 지역의 일부분일 뿐이라는 점이다. 또 베냉 왕국을 나이지리아 옆에 있는 베냉공화국과 혼동해서도 안 된다. 이름만 같을 뿐 이 두 나라는 역사적인 공통점이 없다.

만리장성보다 네 배가 긴 베냉의 성벽

베냉 왕국의 수도는 지금의 나이지리아 에도주에 위치해있었다. 초기에는 중앙 집권적인 도시 국가였다가 후에 여러 도시를 거느리는 왕국이 되었으며 왕은 '오바*Oba*'라는 칭호를 얻었다.

베냉 왕국은 왕실을 중심으로 성벽을 겹겹이 쌓았는데 이 성벽은 중국의 만리장성보다 네 배나 긴 1만 6,000킬로미터로 성벽 건축에 소요된 자재만 해도 이집트의 피라미드보다 100배 이상은 될 것으로 추정된다. 베냉 왕국의 성벽은 800~1400년 사이에 건축되었지만 아쉽게도 지금은 거의 남아있지 않다.

베냉 왕국의 거리를 밝힌 등불

베냉 왕국에는 거대한 금속으로 만들어진 등불도 있었다. 지금의 가로등과 유사한 형태라고 한다. 현재 나이지리아의 고질적인 문제가 전기임을 고려할 때 오래전부터 가로등으로 거리를 환하게 밝혔다는 점이 아이러니하다. 당시 나이지리아에서 쉽게 구할 수 있는 팜유를 연료로 삼아 심지를 태워 왕궁부터 마을 곳곳을 밝게 비추었다는 유럽인들의 기록이 남아있다.

1485년 베냉 왕국을 처음 알게 된 포르투갈 사람들은 도시의 아름다움과 발전된 산업에 매우 놀라워했다. 당시 베냉 왕

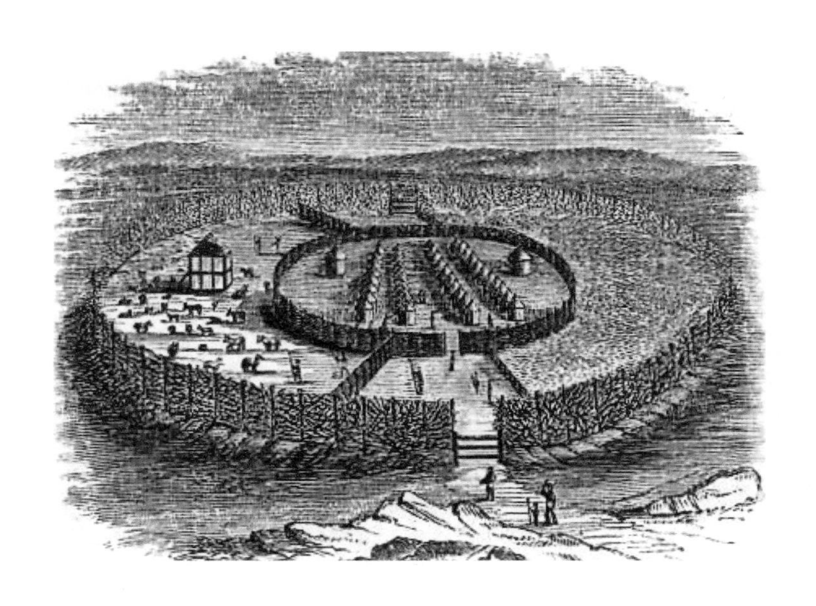

● 유럽인들이 그린 고대 베냉 왕국의 성벽 스케치(위)와 거의 모든 자취가 사라진 현재의 모습(아래)

국을 자주 방문한 선장은 이곳을 이렇게 묘사했다.

> "위대한 베냉! 왕의 거처가 리스본 전체보다도 크구나. 모든 거리는 시야가 닿는 곳까지 모두 직선으로 정렬되어있고, 집들은 넓고 도시에는 부가 넘치며 사람들은 근면하다. 도둑은 거의 없고 안전하며 집 간에는 대문이 필요 없다."

15세기 초 베냉 왕국을 탐험한 유럽인들은 "범죄와 기근이 없으며 밝은 등이 마을을 비추고 사람들은 정직하고 예의 바르며 세련된 중앙 집권적 관료제 왕국"이라고 기록했다. 베냉 왕국 사람들은 흰색, 노란색, 파란색 혹은 녹색을 선호했으며 화려한 색상의 옷을 입었다. 서민들의 분쟁과 소송 등은 시장이 중재하거나 심판했다.

유럽인들에 의해 파괴된 베냉 왕국의 문화재

16세기 베냉 왕국이 알려지면서 유럽 전역의 상인과 군인들이 몰려들기 시작했다. 그들은 약탈과 노예 무역 등을 일삼았고 이로 인해 베냉 왕실 내부는 분열하기 시작했다.

이후 영국의 아프리카 식민지 정책이 본격화되면서 유럽인들의 행위는 점점 야만적이 되었다. 1897년 영국 군인들은 베냉 왕

● 베냉 왕국으로 들어가는 입구에 보이는 청동 무늬의 액자. 디테일이 매우 섬세하게 조각되어있다.

국 전체를 방화하고 점령해 모든 건축물을 파괴했다. 예술품들도 이때 모두 약탈당해 영국, 프랑스 등 유럽 국가로 흩어졌다. 지금은 그저 잊힌 성벽의 잔해만 남아있을 뿐이다.

역사에 '만약'은 없다지만 찬란했던 베냉 왕국의 유적과 유물이 파괴되지 않고 잘 보존되었다면 지금의 나이지리아는 어떤 모습일까? 베냉 문화의 찬란함을 알게 될수록 '승자만이 역사의 주인공이 된다'는 말이 씁쓸하기만 하다.

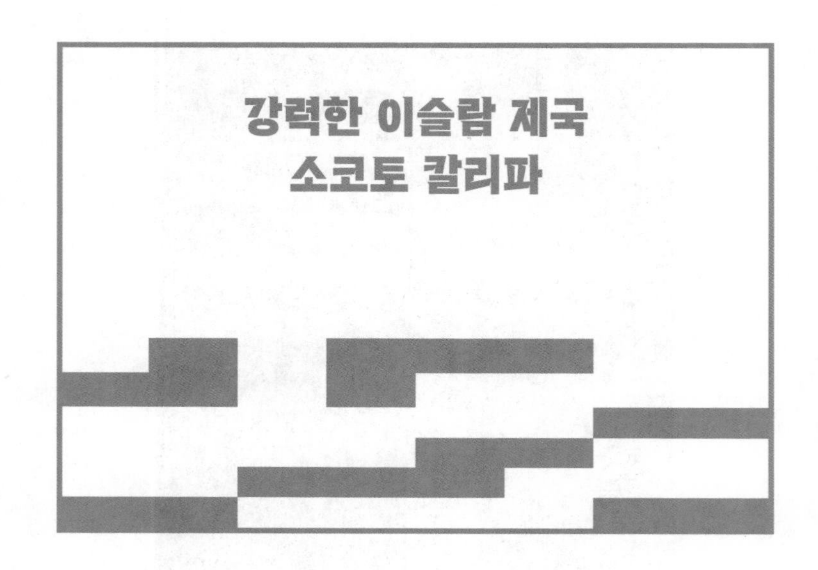

강력한 이슬람 제국 소코토 칼리파

북부 지역에서 태동한 소코토 칼리파 제국

베냉 왕국이 존재할 당시 지금의 나이지리아 영토에는 다른 국가도 공존하고 있었다. 특히 북부 지역에는 베냉 왕국과 비슷한 힘을 가진 하우사족 국가가 일곱 개 정도 있었으며 오랫동안 경쟁과 동맹 관계를 이루었다. 그중 소코토*Sokoto* 제국이 점차 세력을 넓혀 서부의 요루바 지역까지 장악했고 지금의 부르키나파소, 카메룬, 북부 나이지리아 및 남부 니제르 지역까지 아우르는 아프리카 대륙에서 가장 큰 영토를 거느린 소코토 칼리파 제국을 이루었다.

소코토 칼리파 제국을 창시한 사람은 풀라니 출신인 우스만 단포디오*Usman Dan Fodio*이다. 그가 속한 풀라니족은 하우사족과 같은 듯 다른 정체성을 지닌다. 이들은 같은 지역에서 이슬람을 믿고 비슷한 문화와 언어를 사용하고 경쟁과 화합을 주고받았다.

우스만 단포디오가 활동하던 18세기 말 나이지리아 북부 지역은 하우사 출신 지도자들이 일곱 개의 국가로 나누어 지배하고 있었다. 당시 백성은 과도한 세금과 정부의 부정부패로 불만이 많았다. 우스만 단포디오는 민족집단을 초월해 이슬람식 카리스마로 하우사족 국가들을 정복하고 거대한 소코토 칼리

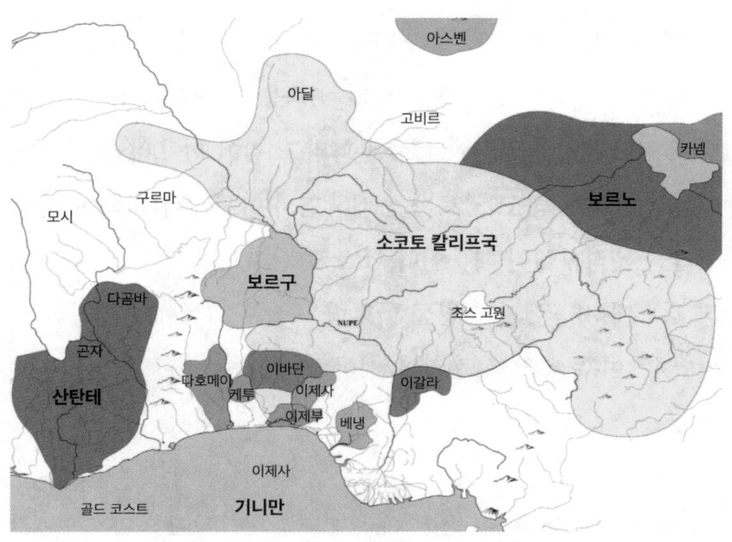

● 1850년대 소코토 칼리파 제국의 영토. 베냉 왕국에 비해 어마어마하게 큰 제국이다.

파 제국을 건설했다. 그는 지하드 운동•을 장려하며 국민 모두가 교육을 받고 이슬람 교리에 따를 것을 주장했다. 오늘날 나이지리아 북부 이슬람 지역에서 서양식 교육을 배척하며 문맹률이 높은 상황과는 사뭇 다른 식이다.

소코토 칼리파 제국은 1808년부터 1830년대까지 영토를 확장했는데 당시 이 지역 인구가 1,000만 명에 달했다. 이 거대한 제국은 종교 지도자인 에미르*Emir*가 이끄는 30여 개의 에미레이트*Emirates*로 나뉘어 마치 징기스칸처럼 느슨한 연방제로 운영되었고 이슬람을 믿지 않으면 노예로 삼는 것이 정당화되어 인구의 절반 정도가 노예 신분으로 전락했다. 물론 이슬람으로 개종하면 자유를 획득할 수 있었다. 노예들은 대서양뿐 아니라 사하라 사막을 통해 북부 아프리카로 팔려 갔다.

하지만 소코토 칼리파 제국의 영화는 오래 지속되지 못했다. 1884년 유럽 열강이 베를린회의를 열어 아프리카 국가들의 국경을 결정하고 영토를 분배하면서 아프리카 대륙에 대한 침략을 본격화했기 때문이다. 소코토 칼리파 제국은 유럽 열강의 침략에 저항했지만 월등한 화력을 갖춘 그들에게 정복되고 말았다. 이후 소코토 칼리파 제국의 일부는 나이지리아 북부

• 지하드(Jihad)는 이슬람어로 '성전'이라는 의미로 자기와의 싸움 및 이교도와의 전투를 의미한다. 우스만 단포디오는 기존의 하우사 왕국과 결별하며 1804년에 전쟁을 선포하는데 이를 '1804지하드'라고 부른다.

지역에 편입되었고 다른 지역은 니제르, 부르키나파소, 카메룬 등으로 나뉘어 프랑스 식민지령으로 합병되었다.

영국은 나이지리아 북부 지역과 남부 지역을 각기 다른 방식으로 통치했다. 베냉 왕국으로 대표되는 남부 지역은 16세기부터 시작된 민족집단 간의 분열과 노예 무역으로 전통문화 및 민족집단 내부의 신뢰가 파괴되어 있었다. 이런 상태를 이용해 영국은 적극적으로 식민 정책을 집행했다. 반면 북부 지역은 이슬람교를 바탕으로 한 공통된 문화와 느슨한 연방제를 오랫동안 유지하고 있었으므로 직접 통치보다는 하우사-풀라니 종교 지도자를 통해 간접적인 방식으로 통치를 했다. 즉 종교 지도자들의 영향력과 강한 전통문화를 감안해 이들에 대한 예우를 하는 한편 그들의 권력을 중앙으로 집중시켜 무슬림과 비무슬림 문화를 통합해 이 지역을 효과적으로 다스리고자 한 것이다.• 그 결과 북부 지역은 남부 지역처럼 참혹한 식민 지배를 피할 수 있었고 카노와 같은 도시는 무역과 상업으로 번성해 식민지 기간에도 어느 정도의 독립성과 자치를 이루어 고유의 문화를 지킬 수 있었다.

• 이러한 간접 통치는 영국이 인도에 적용한 방식과 비슷하다고 평가되기도 한다.

뿌리 깊은 노예 무역의 역사

노예 무역은 유럽이 침략하기 이전부터 아프리카 대륙에 존재했다. 아랍 국가들이 이슬람교 전파를 위해 동부 아프리카에서 사하라 사막을 거쳐 서부 아프리카의 북부 지역•까지 진출하며 이슬람교로 개종하지 않으면 현지인들을 노예화했던 것이다. 이를 '사하라 노예 무역*Saharan Slave Trade*'라고 부른다. 단, 이슬람 교리상 이슬람 신도는 노예화할 수 없으므로 누구라도 개종을 하면 자유인이 될 수 있었다. 또한 노예가 되더라도 가

• 니제르, 부르키나파소, 나이지리아 북부를 포함한 사헬 지역

정부, 하인이 되어 가정에 속해 일했기 때문에 핍박이 심하지는 않았다. 그러나 15세기부터 힘의 축이 유럽으로 옮겨지고 이슬람 세력이 약해지면서 '대서양 노예 무역'이 득세하기 시작하자 노예 무역은 철저히 상업적인 성격을 띠기 시작했다.

아프리카인들의 조력으로 폭풍 성장한 노예 무역

15세기 유럽인들은 전 세계 신항로를 개척하면서 미국, 중남미 지역이 사탕수수와 면화 농사에 최적의 환경임을 알게 되었다. 그러나 원주민의 노동력만으로 농사를 지으려니 일손이 부족했다. 이에 서부 아프리카의 건장한 아프리카인을 대거 노예로 삼아 미국과 중남미 지역에 강제 이주시켰다.• 이들은 노예를 넘긴 현지 조력자에게는 유럽에서 제조한 설탕과 면화 등을 대가로 제공했다.

노예 무역에 가장 적극적으로 가담한 사람들은 아이러니하게도 현지인이었다. 앞서 말했듯 노예라는 개념은 아프리카에 오래전부터 존재했던 터라 노예 무역 초기에는 전쟁 포로, 죄

• 베냉만과 보니만을 통해 각각 200만 명, 160만 명의 나이지리아 사람들이 북미, 남미 대륙에 노예로 팔려갔다. 16세기부터 19세기 동안 최소 360만 명 정도가 대서양을 건너간 것으로 추산된다.

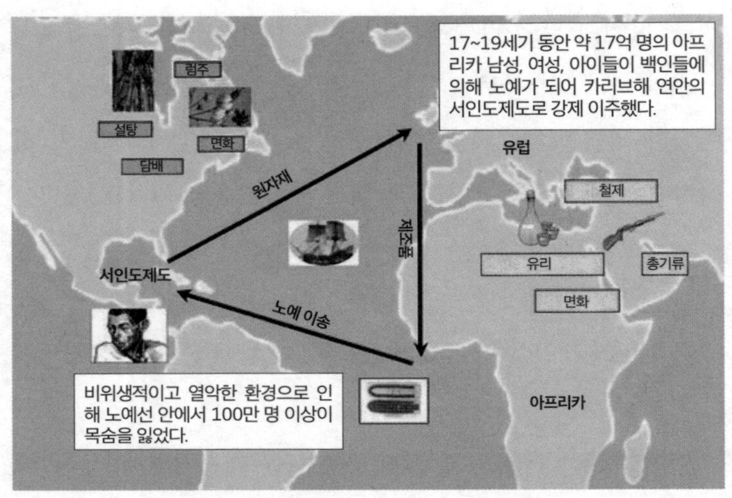

● 아프리카 대륙과 유럽 및 미주 대륙에서는 삼각무역 체제가 형성되었다. 아프리카 노예 상들에게는 유럽에서 제조한 설탕, 면 등을 지불하고 그 대가로 노예를 넘겨 카리브해 연안으로 보낸다. 여기서는 설탕, 면화를 경작해 유럽으로 보내고, 유럽에서는 기계를 사용해 제조 및 정제한다. 유럽 국가들은 이 삼각무역 체제를 통해 엄청난 부를 축적했으며 이는 18세기에 산업혁명을 이룰 수 있는 발판이 되었다.

인 등의 노예를 유럽인에게 넘기는 것에 거부감이 없었다. 그러다가 삼각무역이 대규모화되고 수익이 높아지면서 노예의 수요가 폭발적으로 증가하자 상황이 바뀌었다.

먼저 유럽인들은 아프리카 현지 조력자들에게 치명적이고 중독성 있는 무기와 술 등을 지불하며 이 굴레에서 빠져나오기 어렵게 만들었다. 그러자 노예의 대상이 다른 민족집단에서 같은 민족집단, 먼 친척에서 친구의 자식에 이르는 상황이 되었다. 온몸이 체인으로 칭칭 감긴 채 노예선에 실린 이들은 미대륙에 도착하기도 전에 목숨을 잃곤 했다. 시간이 지남에 따라 대서양을 건너 팔려 간 이들의 실상이 조금씩 알려지면서 17~18세기에는 아프리카인들의 저항이 시작되었다. 하지만 이때는 이미 공동체 구성원 간의 신뢰가 산산이 부서진 후였다.

300여 년 가까이 노예 무역을 통해 막대한 부를 축적하고 세계의 패권을 쥐고 있던 영국은 18세기 초 노예 무역 금지령을 내렸다. 영국은 이미 산업혁명 시기로 접어 사실상 농업 기반의 노예가 필요치 않았던 것이다. 이는 아프리카 노예들을 바탕으로 놀라운 경제 성장을 이룩한 미국을 경계한 조처이기도 했다. 한창 노예 무역으로 이득을 누리고 있던 프랑스, 스페인, 미국, 포르투갈은 이를 달가워하지 않았다.

노예 금지령에 반대한 서부 아프리카 민족 지도자들

노예 금지령이 발효되자 노예 무역에 앞장서 혜택을 누렸던 서부 아프리카 주요 민족집단인 아산테*Ashante*의 왕, 베냉족의 왕, 그리고 이보족으로 구성된 아로 연맹은 영국 국왕에게 서신을 보내 노예 무역 금지령 철회를 요청했다. 나이지리아 남부에 위치한 노예 항구 보니섬의 왕도 노예 금지령에 반대하며 다음과 같이 말했다.

"우리는 (노예) 무역이 지속되어야 한다고 생각한다. 이는 우리의 신과 사제들이 내린 판결이다. 당신의 조국(영국)은 신의 명령인 노예 무역을 절대 중단시킬 수 없을 것이다."

이보족 출신의 나이지리아 역사학자 아다오비Adaboi는 BBC에 '나의 증조할아버지는 노예 무역상이었다'라는 글을 기고하며 현재의 가치 판단으로 당시의 선조를 비난하면 안 된다고 주장했다. 역사적인 배경을 고려할 때 노예 무역은 선조들에게는 당연한 일이었고 그들이 아는 유일한 세상이었다는 것이다. 또한 자신의 증조할아버지는 노예 무역상이었지만 지역 사회를 위해 크게 기여해 존경받은 인물이었음을 강조했다. 반면 나이지리아 학자인 체타Cheta는 노예 무역에 앞장섰던 민족 집단에 대한 불신과 갈등은 여전히 존재하며 식민지 시절 유럽에 협조한 대가로 그들의 후손은 옥스포드대학에 입학해 유럽에서 잘살고 있다고 비판했다.

나와 친한 이보족 친구가 이렇게 말한 적 있다.

"난 내가 나이지리아인이라는 것이 전혀 자랑스럽지 않아. 나의 선조들은 자기 사람들을 서로 노예로 팔아넘겼어. 어쩔 수 없는 역사적 사실이야."

나이지리아 사람들이 겪은 500년 동안의 노예 무역과 식민지 역사가 제대로 기록되고 평가되기 위해서는 앞으로 얼마나 많은 시간과 노력이 필요할까?

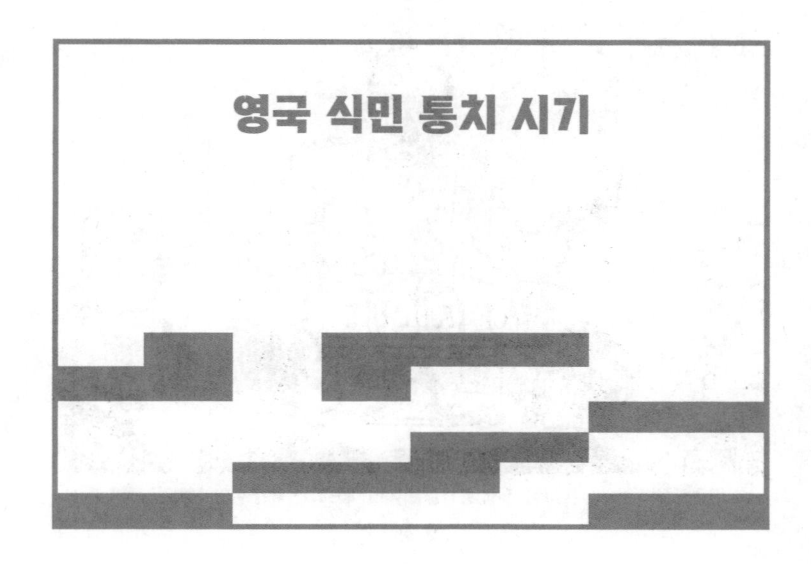

아프리카 국가들의 국경을 결정한 유럽 열강들

유럽 열강들의 식민지 개척이 한창이었던 1884년, 이들은 베를린에 모여 아프리카 식민지를 어떻게 나눌지를 논의했다. 이때 미국과 유럽 13개국의 대표는 아프리카 국경을 지형, 민족집단, 문화적인 고려 없이 자신들의 이해관계에 따라 나누어 분배했다. 지금까지도 지속되는 아프리카 국가 간의 갈등은 이때부터 시작된 것이다. 지금 나이지리아의 국경도 베를린회의에서 결정되었다.

1914년 나이지리아는 공식적으로 영국의 식민지가 되었다. 영국이 나이지리아를 식민 지배한 가장 큰 목적은 나이지리아

● 베를린회의를 묘사한 그림. 유럽 열강들은 이때 아프리카 국가들의 국경을 결정지었다.

의 풍부한 농산물 때문이었다.* 영국은 팜유를 비롯해 땅콩, 코코아 등을 유럽으로 수출해 가공 무역을 하고자 했다. 하여 서남부 지역의 베냉 왕국을 중심으로 한 요루바족, 북부 지역에서 소코토 칼리파 제국을 형성했던 하우사족, 동남부 지역에서 무역으로 번성을 누리던 이보족을 포함해 수백 개의 민족집단을 무력으로 한 국가로 만들어 식민지 보호령으로 삼았다. 서로 다른 민족집단을 하나로 모아 갈등을 부추겨 식민지 통제를 강화하려는 목적이었다.

* 당시는 석유가 발견되기 전이었다.

영국의 식민 분리 정책

영국은 목적과 상황에 따라 직접 통치와 간접 통치 방식을 선택했다. 예를 들어 북부 지역은 소코토 칼리파 제국의 이슬람 지도자들을 통해 간접 통치하는 방식을 택했지만 경우에 따라 이 방식이 원하는 성과를 도출하지 못한다고 판단될 때는 주저 없이 직접 통치 방식으로 전환했다. 이러한 식민지 분리 정책은 1960년 나이지리아가 독립을 맞이할 때까지 계속되었다.

식민화는 나이지리아의 정치, 경제, 문화에 이르기까지 깊은 영향을 끼쳤다. 공식적으로는 노예제가 폐지되었지만 영국은 나이지리아의 종교 지도자들을 이용해 현지인들을 간접적인 노예로 통치했고 특히 학교, 병원 등을 설립하여 기독교를 전파했다. 이바단주립대학을 비롯한 서구식 학교들이 이때 설립되어 남부 지역을 중심으로 기독교가 확산된 것이다.

반면 북부 지역은 워낙 이슬람 지도자들의 저항이 심해 서구의 지원을 제대로 받지 못했다. 이로 인해 남북 간의 경제 격차가 커지기 시작했고 이는 또 다른 지역 간, 민족집단 간의 갈등 원인이 되었다.

나이지리아의 독립과 나이지리아 연방공화국 탄생

영국, 본격적으로 나이지리아를 식민 지배하다

1900년 1월 1일을 기점으로 영국은 나이지리아 남북을 각각 보호령으로 삼았다. 1914년에는 공식적으로 나이지리아를 식민지화하며 남북 보호령을 하나로 합병했다. 일본이 1905년 을사조약을 체결해 대한제국을 보호령으로 삼은 후 1910년 한일합방을 강행한 것과 비슷한 수순이다. 하지만 나이지리아는 거대한 영토와 다양한 민족집단이 한 국가로 묶인 형태였으므로 행정상으로는 여전히 남, 북, 라고스 식민지로 나뉘어 영국의 식민 통치를 받았다. 민족집단, 종교, 문화적 특성이 반영된 효율적인 통치 방식이었다.

● 1956년 엘리자베스 여왕 2세가 나이지리아를 방문해 군대를 점검하는 모습

한편 비교적 서구 문화에 개방적이었던 남부 지역을 중심으로 기독교를 비롯한 서구식 교육과 문화가 급속도로 전파되자 외국에서 교육을 받고 국제 정세를 직시한 민족주의자들이 등장했다. 오바페미 아월러우*Obafemi Awolowo*, 남디 아지키웨*Nnamdi Azikiwe*, 타파와 발레와*Tafawa Balewa* 등이 대표적인데 이들은 1950년대 초반부터 독립을 향한 조직적인 운동을 전개했고 의회에서는 나이지리아 자치의 필요성을 피력하며 영국을 설득해나갔다. 당시 유럽은 2차 세계 대전을 치른 후 전쟁의 피로감이 채 지나기도 전에 나치즘의 후폭풍과 소련의 세력이 강해진 상황이었는데 이때 영국도 나이지리아 독립에 따른 득과 실을 고민했던 것이다.

독립 후 주요 민족집단 간의 갈등과 권력 투쟁

● 나이지리아 초대 대통령 남디 아지키웨

1960년 영국에게서 완전한 독립을 이룬 후 나이지리아는 국방, 외교, 사법, 의회 등 자주적인 국가 시스템을 구성했다. 주요 3대 민족집단인 하우사, 요루바, 이보로 이루어진 정당도 구성했고 이들 간의 견제와 균형을 위해 연방제를 채택했다. 민족 지도자 중 한 명인 이보족 출신 남디 아지키웨가 나이지리아의 초대 대통령이 되었다.

그 과정을 살펴보면 우선 1959년 의회 선거에서는 총 312석 중 하우사-풀라니족으로 이루어진 무슬림계 정당 NPC*Nigerian People's Congress*이 가장 많은 134석을 차지했다. 하우사-풀라니족이 나이지리아 전 영토의 3분의 2를 차지하고 전체 인구의 절반 이상이 이슬람계임을 고려하면 자연스러운 현상이다. 그다음으로는 남부의 크리스천 이보족으로 이루어진 NCNC*National Council of Nigerian Citizen*당이 89석, 마지막으로 라고스와 베냉 지역을 중심으로 노예 무역의 중심에 섰던 요루바족의 AG*Action Group*당이 73석을 획득했다. 초대 국무총리 또한 이슬람계의 타파와 발레와가 선출되었다.

이렇게 이보족과 하우사족이 권력을 차지하자 상대적으로 소외된 요루바족이 이를 달가워할 리 없었다. 이처럼 민족집단 간의 권력 투쟁과 내분으로 독립 이후 나이지리아의 상황은 풍전등화와 같았다.

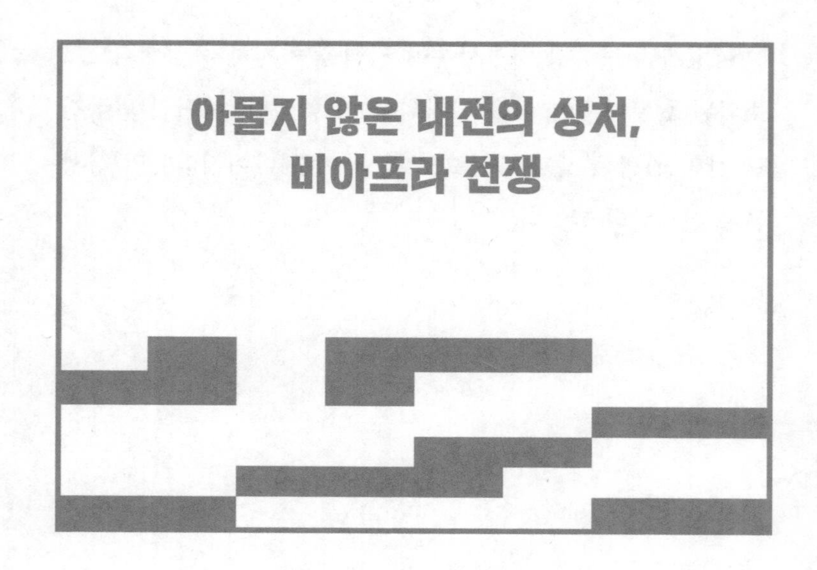

아물지 않은 내전의 상처, 비아프라 전쟁

민족집단 간 갈등의 폭발, 내전의 시작

1960년 독립 후 북부 지역을 기반으로 정권을 잡고 초대 총리로 취임한 타파와 발레와는 연립 내각을 구성하며 국가를 통합하고자 했다. 이후 1963년 이보족 출신인 남디 아지키웨가 초대 대통령으로 선출되었고 그는 타파와 발레와를 총리로 유지했다. 남디 아지키웨는 이보, 하우사, 요루바족 언어를 모두 구사하는 민족주의자였다.

하지만 대통령 취임 후 3년 만에 북부 지역의 소수 민족집단인 은가스*Ngas* 출신의 군부 야쿠부 고원*Yakubu Gowon*이 쿠데타를 일으켰다. 남디 아지키웨 대통령은 살아남았지만 타파와 발례와 총리를 비롯한 하우사족 지도자들은 살해되었고 야쿠부 고원은 통합을 구실로 정권을 탈취한 후 이보족에 대한 대량 학살을 시작했다. 이것이 바로 '비아프라 전쟁'의 서막이었다.

이보족의 비아프라 공화국 독립 선언과 실패

● 비아프라 공화국 국기

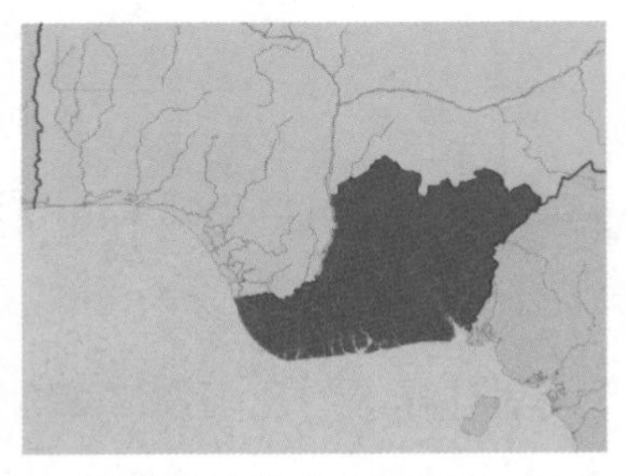

● 비아프라 공화국 선언 당시 영토. 나이지리아의 남동부에 위치해있으며 석유가 발견된 남부 삼각주와 항만을 끼고 있다.

1967년 이보족 지도자 오두메우 오주쿠*Odumegwu Ojukwu*가 동부 지역의 3개 주를 통합해 비아프라 공화국*Republic of Biafra*을 선언하며 나이지리아 정부와 본격적인 내전에 돌입했다. 당시 이보족이 거주하던 동남부 지역은 서구식 교육과 천주교를 받아들여 경제 발전을 이루었고 삼각주 지역에서 석유가 발견되면서 북부 지역보다 경제력이 앞서 있었다.

비아프라 공화국은 아프리카에서는 국가로서 공인을 받았으나 영국과 프랑스 등 유럽 국가들은 인정하지 않았다. 나이지리아 전체의 이해관계를 고려할 때 아마도 그들에게 유리하지 않은 것으로 판단한 것 같다.

이보족이 비아프라 공화국을 선언하자 나이지리아 연방군은 곧바로 비아프라 공화국의 수도였던 하코트 항구를 점령해 군사 물자와 식량 공급을 원천적으로 막았다. 이때 기근과 연방군의 폭력에 노출되어 사망한 사람이 250만 명이 넘는다.

불과 이틀간의 군사 훈련만 받은 어린 학생들로 구성된 이보족 군인은 월등한 군사력을 갖춘 연방군과는 상대가 되지 않았다. 게다가 유럽 강대국까지 내전에 개입하면서 나이지리아 연방군은 영국과 소련의 지원을 받았지만 비아프라 공화국은 프랑스, 이스라엘 및 기독교 단체들의 인도적 지원만 받을 수 있었다. 결국 비아프라 공화국은 1970년 연방군에 항복했다.

이보족에 대한 탄압과 차별 정책

3년간의 전쟁을 끝내고 고향으로 돌아온 이보족은 연방 정부의 보복으로 기존 땅의 소유권을 더 이상 행사할 수 없었고 전쟁 기금으로 사용하기 위해 개설한 비아프라 화폐 계좌는 연방 정부에 압류되었다. 전쟁의 패배로 이보족은 정치권에서 완전히 배제되고 소외되었다.

비아프라 공화국이었던 지역은 다양한 민족집단과 언어를

가진 소수 민족이 살고 있으며 이들은 아직도 연방 정부에 반감을 갖고 있다. 하지만 연방 정부는 농업이 번성하고 석유 지대가 집중된 남부 지역을 절대로 포기하지 않을 것이다.

● 이보족 독립운동의 지도자 남디 카누

지금도 이 지역은 민족집단 간의 갈등이 계속되고 있다. 하지만 연방 정부는 민족 지도자들을 구금하는 것을 비롯해 차별 정책을 여전히 고수하고 있다. 일례로 남부 지역의 이보족은 여전히 독립을 주장하며 분리주의 공동체인 '비아프라공화국의 원주민*IPOB, Indigenous Peoople of Biafra*'을 결성해 독립운동을 이어오고 있지만 이 공동체의 창시자이자 수장인 남디 카누*Nnamdi Kanu*는 2021년 6월 선동죄로 해외에서 인터폴에 의해 체포되어 현재 구금된 상태로 재판을 받고 있다.

군부 독재에서 민주 정권이 들어서기까지

나이지리아는 독립을 맞이한 지 채 10년도 되지 않아 민족집단 간의 갈등으로 나라가 혼란스러웠다. 이러한 정국을 틈타 소수 민족집단 출신의 군부인 야쿠부 고원이 쿠데타를 일으켜 1966년 정권을 장악했다. 그는 북부 지역 출신인 무탈라 무하메드*Murtala Mohammed*의 또 다른 쿠데타로 실권할 때까지 9년 동안 집권했다.

별다른 경력도 존재감도 없던 야쿠부 고원이 비교적 쉽게 정권을 장악하고 10여 년 가까이 독재를 유지할 수 있었던 배경에는 그가 갈등과 이해관계로 얽힌 하우사-풀라니, 요루바, 이보 등의 주요 민족집단 출신이 아니었기 때문이라는 해석도 있다. 1970년 비아프라 공화국의 항복을 받아낸 후 그는 전쟁

● 쿠데타로 정권을 장악한 야쿠부 고원

● 올루세군 오바산조

으로 파괴된 동부 지역의 재건을 꾀하고자 했지만 성과는 미미했다. 전쟁 전 은행 구좌에 있던 재산을 모두 잃은 이보족에게 기존 재산과는 상관없이 20파운드를 일괄 지급해 대내외적인 비판을 받기도 했다. 1970년대 세계적인 석유 붐이 일 때는 국내 기업을 보호한다는 명목으로 해외 투자를 제한해 국내 소수의 기업만 혜택을 입는 등 나이지리아의 경제 발전 시기를 늦추었다는 평가도 받고 있다. 측근들의 만연한 부정부패 이슈 또한 국민의 지지를 상실하는 데 큰 역할을 했다.

야쿠부 고원이 장기 집권의 야심을 드러내자 1975년 아프리카연합 회의에 참가하기 위해 우간다로 출장 간 틈을 타 그의 심복이자 군부였던 무탈라 무하메드가 쿠데타를 일으켜 집권했다. 하지만 그 역시도 권력을 장악한 지 1년 만에 라고스의 도로 위 자신의 차 안에서 군인에게 암살당하고 말았다.

이에 당시 참모 총장이었던 요루바족 출신 올루세군 오바산조*Olusegun Obasanjo*가 1979년까지 3년 동안 무탈라 무하메드의 업무를 계승하고 약속대로 민정 정권에게 권력을 이양했다. 올루세군 오바산조는 1999년 선거를 통해 대통령으로 선출되어 2007년까지 재집권에 성공했고 현재까지도 나이지리아 정치계에 영향을 미치는 인물로 남아있다.

대부들이 이끄는 현대 정치사

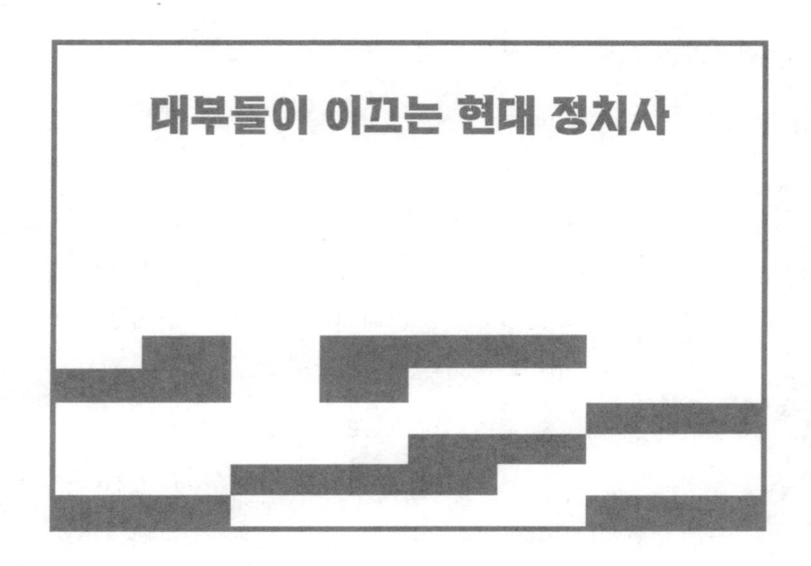

나이지리아의 경제 수도 라고스, 그중에서도 부촌인 이코이 지역을 차로 이동하다 보면 "티누부 집 쪽에서 유턴할까요?", "저기 티누부 집 앞에서 세워주세요."라는 소리를 자주 듣는다. 연말연시가 되면 볼라 티누부*Bola Tinubu* 집 근처에는 족히 100명이 넘는 사람이 모여있다. 대체 볼라 티누부가 어떤 사람이기에 라고스에서 그의 집을 모르는 이가 없는 걸까? 아무리 삼성 이재용 회장이 유명해도 그의 거처를 아는

● 나이지리아 현대 정치사에서 빼놓을 수 없는 볼라 티누부

한국인은 별로 없을 텐데 말이다.

나이지리아 정치계의 큰손 볼라 티누부

볼라 티누부는 현재까지도 나이지리아 정치를 좌지우지하는 인물이며 현 집권당인 진보당*APC, All Progressive Congress*의 설립 과정부터 큰 역할을 했다. 1997년 라이벌인 민주당*PDP, Peoples' Democratic Party*을 이기고 라고스 주지사로 당선된 후 재선에도 성공해 2007년까지 임기를 지냈다. 그의 뒤를 이은 바바툰데 파숄라*Babatunde Fashola*가 볼라 티누부 사람이라는 것은 누구나 아는 사실이다. 그 역시 무탈하게 라고스 주지사로서 재선까지 마치고 연방 정부의 장관이 되었다.

문제는 바바툰데 파숄라 다음으로 라고스 주지사로 집권한 아킨움미 암보데*Akinwunmi Ambode*가 초선 임기를 마칠 무렵 재선을 앞두고 발생했다. 언론에서는 아킨움미 암보데가 주지사로서 소신 있는 정치를 하며 국민의 지지를 받았음에도 볼라 티누부의 이익에 반하는 행동을 하고 그의 명령에 거역해 재선 후보로 나오지 못할 것이라고 했다. 또한 볼라 티누부가 산월루*Sanwo-Olu*라는 새 인물을 주지사 후보로 선택했다고 보도했다.

볼라 티누부에게서 버림받은 아킨움미 암보데는 처음에는 무소속으로 출마하겠다고 했다가 상황이 심상치 않음을 느끼고 볼라 티누부 집에 찾아가 용서를 구했지만 구제받지 못했다. 결국 그해 라고스 주지사 경선에는 산월루가 진보당 후보로 나와 당선되었고 재임까지도 무사히 성공했다.

볼라 티누부의 영향력은 라고스주뿐 아니라 국회, 장관 등 연방 정부에도 영향을 미친다. 소위 '티누부 키즈'가 정계에 두루 포진해있다. 그는 80세를 앞둔 나이에도 2023년 대선에 출마해 막강한 정치력을 바탕으로 당선에 성공했다.

나이지리아의 대부주의

나이지리아에서 대부주의*Godfatherism*는 역설적이게도 민주주의와 함께 성장했다. 1990년대 초 군부 독재에서 민정 정권으로 권력이 이양되면서 직접선거 제도가 도입되었지만 민주주의의 뿌리와 경험이 없는 토양에서 제대로 민주적 선거 제도가 정착되기는 어려웠다.

특히 권력과 자본이 없는 젊은 정치인들은 막대한 선거 비용을 감당하기가 불가능했다. 그래서 이들은 정치판에서 이미 오랫동안 권력을 누리며 탄탄한 자본과 조직을 갖춘 대부들의 지원을 통해 성장하고자 했다. 대부는 일종의 스폰서로 정치인을 키워주는 대신 그가 당선되면 투자에 대한 대가로 막대한 이득을 취한다. '정치적 노예' 혹은 '대리모'라고 불릴 정도로 대부의 영향력과 착취가 심한 경우도 있다. 따라서 나이지리아에서는 선거로 당선된 정치인이라고 해서 소신 있게 자신의 신념에 따라 정치를 할 것이라 기대해서는 안 된다. 대부의 이해관계는 정당을 초월한다.

대부주의는 라고스주뿐 아니라 다른 지역에서도 암묵적으로 용인되고 있다. 2003년 남동부 지역의 아남브라 주지사 선거에서는 막강한 권력을 갖춘 추장이자 대부인 크리스 우바*Chris Uba*가 크리스 응기게*Chris Ngige*라는 후보를 후원해 주지사로 당선시켰다. 크리스 우바는 크리스 응기게에게 당선 대가로 주요 보직 인사에 자신의 인맥을 고용할 것과 현금으로 30억 나이라(당시 환율 기준 280억 원 정도)를 요구했다. 그런데 크리스 응기게가 이 요구를 받아들이지 않은 것이다. 결과는 어찌 되었을까?

2년 후 경찰총장이 50여 명의 경찰을 기동시켜 크리스 응기게의 집을 습격했다. 그리고 총을 겨누며 주지사직에서 사임하겠다는 문서에 서명하도록 협박하고 30억 나이라도 지불하겠다는 서약을 받아냈다. 사건 직후에는 크리스 우바의 키즈이자 부주지사였던 크리스 우데*Chris Ude*가 헌법에 명시된 대법관의 승인 절차도 무시하고 주지사 대행으로 취임했다. 이렇듯 대부주의는 나이지리아 정치를 부정부패하게 한다.

그래서 이에 대한 폐단을 지적하는 목소리도 높다. 대부주의가 성행하는 한 올바른 정치인이 배출되기 어렵고 서민을 위한 정책 실현도 어렵기 때문이다. 대부들의 영향력을 줄이려면 정부가 공정한 선거를 위해 법적인 장치를 마련해야 하며 불법적인 수단으로 정치인을 납치, 협박, 탄핵하는 관습을 제대로 처벌해야 한다고 전문가들은 지적한다.

공정한 민주주의 정착을 위한 정치계의 새바람

● 나이지리아의 인권 활동가이자 정치인 오모옐레 소워레

대부주의의 관습에 대항하여 투명하고 공정한 민주주의를 세우고자 2019년 대통령 선거에 도전한 젊은 정치인이 있다. 오모옐레 소워레*Omoyele Sowore*이다. 그는 인권 활동가이자 〈사하라 기자들*Sahara Reporters*〉이라는 온라인 매체의 설립자이며 저널리스트이다.

가짜 뉴스를 퍼트리고 불법 시위를 했다는 이유로 수차례 체포되어 고문당했지만 그는 여전히 소셜 미디어, 블로그, 시위 현장에서 뿌리 깊은 나이지리아의 부정부패를 비판하고 있다.

"지구상의 어떤 권력도 자유를 향한 우리의 열망을 막을 수 없습니다. 우리의 과거를 파괴했던 사람들은 우리를 미래로 인도할 수 없습니다."

최근 오모옐레 소워레는 2023년 대선에 출마했다. 정책 대결이 아닌 힘겨루기로 양분되어있는 거대 양당 체제하에서 변화를 일으키고자 하는 그의 노력이 헛되지 않았기를 바란다.

2023 대선의 다크호스, 피터 오비

● 나이지리아의 양당제 정치 구도에 신선한 바람을 일으킨 노동당 후보 피터 오비

2023년 대선의 복병이자 큰 바람을 일으키는 후보가 있다. 바로 노동당 대표인 피터 오비*Peter obi* 이다. 그는 이보족 출신으로 2006년 이보족들이 주로 거주하는 아남브라주의 주지사로 역임했을 뿐 정치인이라기보단 성공한 사업가라 할 수 있다.

이보족은 비아프라 내전 이후 1967~1970년까지 정치권에서 완전히 밀려난 터라 초기 대통령이었던 남디 에지키웨를 제외하곤 단 한 번도 지도자로 선출된 적이 없다. 그럼에도 디

● 피터 오비 유세 현장에서 환호하는 유권자들

아스포라•의 전폭적인 지지를 받으며 대선에 다다를수록 그의 지지도는 기존 양당 후보들보다 가파르게 올랐다.

사람들이 피터 오비를 지지하는 이유는 종교, 민족집단 간의 갈등과 힘겨루기로는 더이상 나이지리아가 당면한 총체적인 위기를 해결할 수 없다는 전국민의 자각이 가장 큰 역할을 하는 것으로 보인다. 20퍼센트에 이르는 인플레이션, 30퍼센트가 넘는 실업률, 일상적인 치안 문제 등에 지칠대로 지친 나이지리아 사람들은 이제 민족집단과 종교를 초월해 합리적으

• 본토를 떠나 타지에서 자신들의 규범과 관습을 유지하며 살아가는 민족 집단 또는 그 거주지를 가리키는 용어

로 나이지리아를 이끌 지도자를 원하고 있다.

이러한 위기에서 피터 오비가 난세 속의 영웅으로 등극할 수 있을지 관심이 모아졌다. 선진국에서도 깨기 어려운 공고한 양당제의 구도가 이번 대선에서 깨졌다는 것만으로도 피터 오비는 나이지리아 민주주의의 역사에 중요한 획을 그었다고 할 수 있다.

2023년 대선 결과만 보더라도 피터 오비는 볼라 티누부의 근거지인 라고스와 정치 수도인 아부자에서 다른 후보들을 제치고 가장 많은 표를 얻었다. 여태껏 정치적인 목소리를 내지 못했던 젊은이들의 열광적인 지지, 소셜 미디어 기반의 소통 등 개혁의 상징이 되고 있는 피터 오비의 앞으로의 행보가 기대된다.

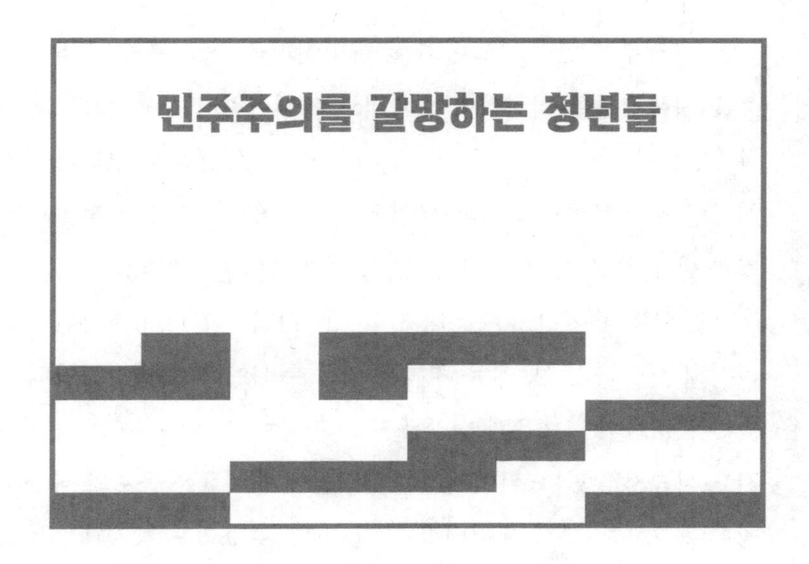

민주주의를 갈망하는 청년들

10월 1일, 독립기념일이 되어도 나이지리아 사람들은 별 감흥이 없다. '우리가 정말 독립을 하기는 했나?'라며 냉소적으로 반응하는 사람도 많다. 독립 후에도 여전히 외국에 경제·정치적으로 의존하고 있고 사회적으로도 민족집단 간의 갈등, 사회 불안정, 민주주의에 대한 억압 등 복합적인 문제가 많기 때문이다.

공포의 대상이 된 특별강도단속반

나이지리아의 고질적인 문제 중 하나는 공권력의 남용이다.

1992년 정부는 일반 경찰이 수행하기 어려운 절도, 특수 범죄 등을 사복경찰이 비밀리에 효과적으로 제어하려는 목적으로 특별강도단속반*SARS, Special Anti-Robbery Squad*을 설립했다. 그러나 시간이 지남에 따라 그들의 특권은 악용되어 국민을 보호하는 것과 반대로 강간, 폭행 심지어는 살인까지도 저질렀다.

이들의 주 타깃은 20~30대 시민으로 머리가 길거나 스타일리시해 보이는 남성, 짧은 치마를 입은 여성이다. 특별강도단속반은 이들의 휴대폰과 장식품 등을 강탈하고 여성에게는 강간도 서슴지 않았다. 나이지리아 사람들에게 이들은 공포의 대상이다. 2017년부터 트위터를 통해 #ENDSARS라는 해시태그로 이들의 악행이 알려지면서 점차 대중적인 관심을 끌게 되자 정부는 2020년 특별강도단속반을 해체하겠다고 선언했다.

하지만 얼마 후 사람들은 이것이 정부의 보여주기식 행동이라는 것을 알게 되었다. 이름만 다를 뿐 사복경찰은 여전했고 시민들을 위협했다. 같은 해 10월 공권력 남용에 대한 시민들의 누적된 분노가 라고스에서 폭발했다. 유동 인구가 가장 많은 지역 중 하나인 레키의 톨게이트를 거점으로 시민들의 평화 시위가 3주간 주요 도시에서 동시다발적으로 일어나며 세계적인 관심을 불러일으켰다.

라고스에서는 매일 수천 명이 모여 시위하고 온라인으로 #ENDSARS 해시태그를 전파하며 전 세계의 지지와 동참을 촉구했다. 비욘세*Beyonce*, 리하나*Rihanna* 등 슈퍼스타들도 지지 메

● '당신들은 우리가 미래의 리더라고 말하면서 우리를 죽이고 있다'라고 쓰여진 플래카드를 들고 시위 중인 청년들

● 레키 톨게이트에서 시위 중인 군중

시지를 보냈고 세계 곳곳에서 나이지리아 디아스포라가 주축이 된 연대 시위가 열렸다.

시위에 동참한 이들은 주로 20~40대 청년 세대로 이들에게는 나이지리아의 고질적인 문제인 민족집단 간의 분열, 혐오의 상처가 부모 세대에 비해 적은 편이다. 덕분에 민족집단, 종교 등을 초월해 연대하고 정부의 공권력 남용을 진지하게 비판할 수 있었다. 시위 분위기 또한 과격 폭력 시위를 지양하고 흥겨운 음악에 춤을 추며 마치 문화 이벤트 같은 평화 시위로 진행되었다.

레키 학살

시간이 지날수록 시위자 수가 늘어나자 정부는 공권력을 투입했다. 참사가 일어난 10월 20일에는 수만 명의 시위대가 밀집하여 오전부터 대중교통이 마비되었다. 오전 10시가 되자 라고스 주지사는 오후 4시부터 라고스 전 지역에 통행금지령을 발효한다고 공표했다. 시위 참석자의 증언에 의하면 오후 5시쯤 정체 모를 사람들이 와서 시위대의 핵심 지역인 레키 톨게이트의 CCTV를 제거해갔고 6시쯤에는 대형 전광판의 불이 꺼졌다고 한다.

7시가 되자 국기를 흔들며 국가를 부르던 평화로운 시위대

● 시위의 중심인 레키 톨게이트

● 폭도들에 의해 파괴된 쇼핑몰

앞에 군인들이 예고 없이 나타나 총격을 가했다. 군인들은 사체를 차에 싣고 인근 지역을 돌면서 총격을 가했다. 공식 발표에 따르면 이날 51명이 사망했고 50여 명이 부상을 입었다.

비극은 여기서 끝나지 않았다. 그날 밤부터 다음 날까지 정체 모를 무장 폭도들이 라고스 도시 전체를 돌며 쇼핑몰과 상점을 습격하고 약탈했다. 경찰은 통행금지령을 내렸지만 폭도들에게는 어떠한 제재도 가하지 않았다. 이들이 시위대가 아니라 권력에 의해 의도적으로 배치된 조직이라고 의심되는 부분이다.

이를 빌미로 정권을 옹호하는 사람들, 특히 대통령과 같은 민족집단인 하우사, 풀라니 등의 무슬림들은 약탈당한 상점 이미지를 소셜 미디어에 전파하며 레키 시위대들이 폭력적이라고 비난하고 레키 학살은 언론의 조작이라고 주장했다. 다른 민족집단은 사실을 호도하려는 하우사족이야말로 정부의 앞잡이라고 비판했다. 거국적이고 평화로운 시위가 한순간에 피로 얼룩지고 민족집단 간의 싸움으로 변질되었다.

엄청난 손해를 입은 스파*Spar* 쇼핑몰의 공식 인스타그램 계정에는 망가진 쇼핑몰 사진과 함께 다음과 같은 글이 실렸다.

> "슈퍼마켓을 다시 짓는 것은 어렵습니다. 한 국가를 다시 세우는 것은 훨씬 더 어렵습니다. 이것은 아주 작은 장애물에 불과합니다. 우리는 나이지리아를 지지하고 여러분들의 지지에 감사하며 더욱 강해지고 단결할 것입니다."

그날 시위에 참여했던 시민들은 해외 언론을 통해 목소리를 냈다.

"그날 이후 나는 두려움이라는 감정을 잊었다. 어떤 일이 일어나도 우리는 더이상 후퇴할 수 없고 정의를 위해 싸울 것이다. 우리에게 남은 유일한 힘은 소셜 미디어와 우리를 지지해주는 국제적인 연대뿐이다. 나이지리아에서 무엇이 일어나고 있는지 세계인들이 잊지 말았으면, 우리와 끝까지 함께해주었으면 좋겠다."

– 알자지라 팟캐스트 〈the take〉 중에서

"우리가 전통적으로 나이 드신 분들의 말을 무조건 따랐다고 해서 정부가 우리 젊은 세대를 '아이들' 취급하며 복종하게 하는 건 말이 안 된다. 정부는 가족이 아니다. 그들은 우리의 피고용인이며 우리가 그들에게 월급을 준다. 그들은 우리가 결정하는 기준에 맞게 자신의 일을 해야 한다."

– 〈아프리칸 뉴스〉 리포터 토페 아예니

몇 년이 지났지만 레키 학살은 아직도 책임 규명이 안 되고 있다. 게다가 시위에 참여하고 지원했던 중산층 서민들은 출국이 금지되거나 은행 계좌가 압류되는 등의 피해를 입고 있다. 당시 시위 동참을 격려했던 유명인 디제이 스위치*DJ Switch*는 신변의 위협을 느끼고 캐나다로 망명 중이다.

그럼에도 레키 시위는 나이지리아 청년들이 분열된 이전 세대와는 달리 화합과 연대를 통해 수백 년 동안 이어진 선조들의 고질적인 문제의 고리를 끊을 수 있다는 희망을 보여주었다는 점에서 긍정적인 평가를 받는다. 아직 헤쳐 나가야 할 길이 멀지만 이들은 나이지리아 독립 이후 처음으로 정의와 평화를 위해 단합된 모습을 보여주었다.

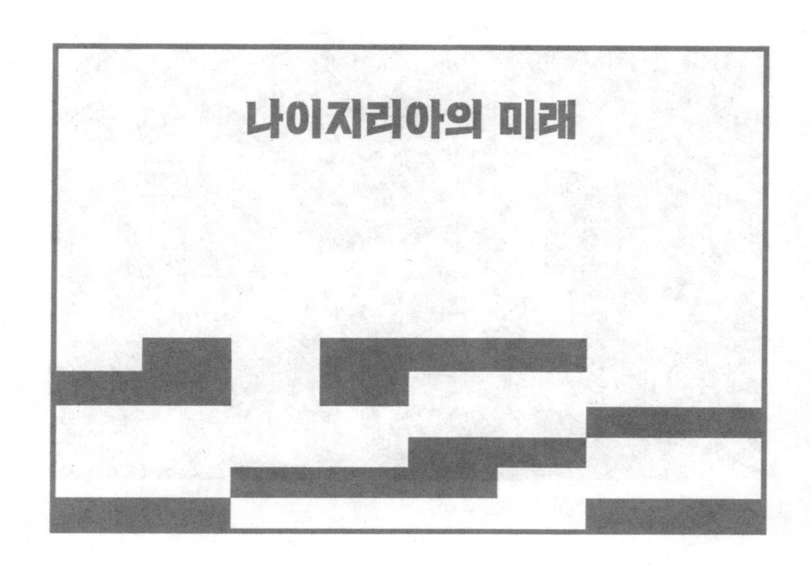

나이지리아의 미래

나이지리아 청년들의 외침

역사를 기록하는 것은 과거, 현재, 미래를 잇는 과정이라고 한다. 따라서 나이지리아의 복잡한 역사를 제대로 평가하는 일은 꼭 필요하다. 하지만 이는 시간이 오래 걸리는 일이다. 당장은 현실에 당면한 문제를 풀어나가는 것이 시급하다. 그렇지 않으면 30년 후 미국을 넘어서 4억여 명의 인구 대국이 되는 나이지리아의 미래가 지금보다 훨씬 암울해질 것이고, 이는 나이지리아만의 문제가 아닌 전 지구적인 과제가 될 것이기 때문이다.

인구의 70퍼센트 이상을 차지하는 지금의 나이지리아 젊은

● 캠페인에 참가 중인 나이지리아 청년들

이들은 미래가 없다고 한다. 이것은 누구의 탓인가?

코로나19 팬데믹으로 지난 3년간 현지화 나이라의 가치는 반토막이 되었다. 하지만 직장인의 월급은 그대로거나 직장을 잃었고, 러시아-우크라이나의 전쟁이 장기화되면서 식료품 가격은 계속 오르고 있다. 그럼에도 정치인들은 국민의 일상에 대한 관심과 지원보다는 기득권 유지, 재산 축적에 더 관심이 많다. 납치, 폭력, 강간 등의 범죄도 늘어나고 있지만 이에 대해서도 속수무책이다.

소셜 미디어에서 한동안 큰 주목을 받았던 어느 청년의 외침이 의미심장하다.

"그들은 청년들이 미래의 리더라고 한다. 그러나 내가 태어났을 때의 대통령은 무하마두 부하리*Muhammadu Buhari*였고 35년이 지난 지금도 여전히 대통령은 무하마두 부하리다.• 그의 세대의 많은 사람이 과거에도 리더였고 지금도 여전히 권력을 장악하고 있다. 아마 미래에도 그럴 것이다. 그렇다면 나이지리아의 젊은 청년들은 미래에 몇 명이나 리더가 될 수 있을까?"

디아스포라, 나이지리아 미래의 희망

25세 이하의 청년 인구가 전체 인구의 3분의 2를 차지하지만 이들은 국가로부터 받아야 할 교육, 안전, 의료 등의 권리를 갖지 못한 채 온갖 위험에 노출되어있다. 그러다 보니 목숨을 담보로 유럽행 보트를 타거나 기회만 닿는다면 주저하지 않고 고국을 떠나고 있다.

2020년 기준으로 200만 명의 나이지리아 디아스포라가 세계 전역에 거주하고 있다. 그들이 매년 자국으로 송금하는 금액은 국내총생산의 4퍼센트가 넘는다. 이상하게 들릴 수 있지만 나이지리아의 희망은 오히려 나이지리아 밖에 있다고 보인

• 2015년 대통령에 당선되어 2022년까지 임기 예정인 무하마두 부하리는 1983년부터 1985년까지 군사 쿠테타로 군정을 한 경력이 있다.

다. 즉 자신의 미래를 위해 어렵게 해외에 나가 정착하고 틈틈이 고국의 가족에게 송금하는 과거 한국의 디아스포라와 다르지 않은 재외국민. 그들은 나이지리아의 상황을 객관적으로 직시하면서도 애정을 갖고 사회 이슈가 생길 때마다 목소리를 내고 지원을 아끼지 않는다.

대부들의 패권으로 정밀하게 짜여진 정치 시스템과 만연한 부정부패의 사회 속에서 개인이나 작은 조직이 나이지리아 사회에 변화를 일으키기는 어려워 보인다. 생존을 하려면 이러한 사회 시스템에 타협하고 순응할 수밖에 없기 때문이다.

그런 의미에서 해외에서 선진 교육과 시스템을 경험한 디아스포라들에게 변화와 개혁의 실마리가 있을지도 모르겠다. 그들의 실제적인 영향력과 미래에 그들이 감당하게 될 역할을 정확하게 가늠하기는 어렵지만 그들이 변화의 주된 세력이 되리라 기대한다.

함께 생각하고 토론하기

나이지리아는 요루바족, 하우사-풀라니족, 이보족 등 주요 민족집단이 독자적인 문화를 이루고 살다가 노예 무역과 영국 식민 지배로 과거의 유산을 순식간에 잃고 자신들의 의지와는 상관없이 한 국가가 되어 지금까지 갈등과 타협을 이어나가고 있습니다. 1960년 독립 직후에는 민족집단 간의 갈등이 절정에 달해 가슴 아픈 비아프라 전쟁을 치루었으며 그 상처는 아직도 아물지 않았습니다. 그 후 권력을 잡은 정치인들은 지금까지도 대부주의 문화를 형성하며 나이지리아의 미래에 희망을 주지 못하고 있습니다.

● 나이지리아와 우리나라의 역사를 비교해보고 비슷한 점과 다른 점을 찾아봅시다.

●● 지금의 아프리카 역사는 아프리카 대륙을 식민 지배하고 아프리카 사람들을 노예화한 서구의 입장에서 쓰였습니다. 아프리카의 진정한 역사는 어떻게 기록되어야 한다고 생각하나요?

4부

문화로 보는 나이지리아

코끼리들이 싸우면 풀들이 고생한다.

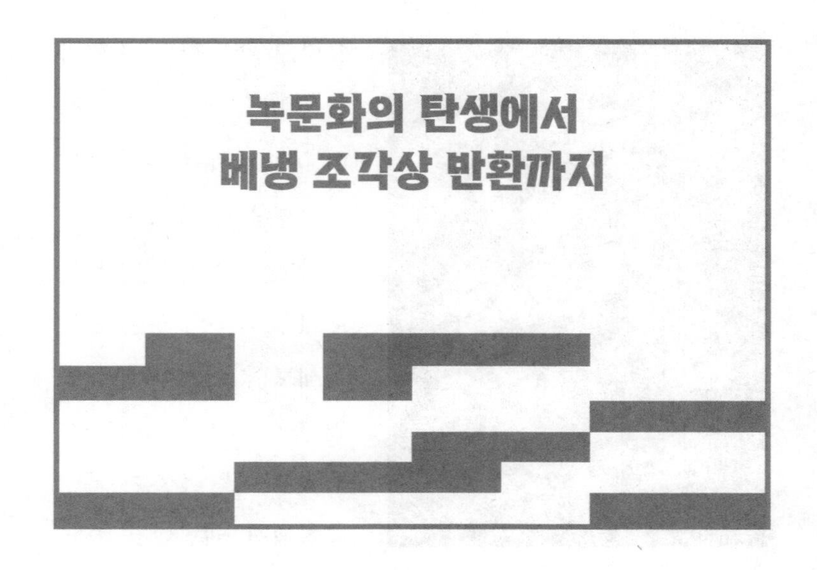

녹문화의 탄생에서 베냉 조각상 반환까지

10세기 초 나이지리아 지역에서 탄생한 베냉 왕국은 세련되고 정교한 성벽과 문화재를 가지고 있었다. 그런데 서부 아프리카에는 베냉 왕국보다 훨씬 오래전인 기원전 500년 무렵부터 수준 높은 문명사회가 있었다. 바로 '녹Nok 문화'이다. 녹 문화는 나이지리아 북부 카두나주의 마을 이름에서 유래했으며 녹 마을 사람들이 도기로 만든 독특한 조각상은 지금도 유명하다.

1920년 후반 녹 계곡의 주석 광물을 채굴하는 과정에서 도기 조각상들이 발견되었다. 사람의 머리, 인체, 동물 형태의 조각이었고 사람의 눈을 독특하게 삼각형 또는 타원형으로 표현했다. 머리 부분은 정교하게 단장되어있고 무릎에 손을 얹고 앉아있는 자세가 많다. 이 유물들이 기존에 알려진 문화와 다

녹 문화 때 만들어진 도기

르다고 판단한 고고학자들은 비슷한 형태의 조각이 분포된 넓은 지역을 칭해 '녹 문화'라고 부르기 시작했다. 여러 지역에 분포된 조각품의 성분을 분석해보니 신기하게도 동일한 성분의 점토로 구성되었고 이는 점토가 특정 지역에서 채취된 것으로 짐작할 수 있다. 즉 원료의 채취 생산부터 공급까지 특정 집단 혹은 국가에 의해 체계적으로 운영 및 관리가 이루어졌고 넓은 지역에서 유통되었음을 보여준다.

철 기술을 사용한 녹 문화

녹 문화의 또 다른 특징은 적어도 기원전 4세기부터 철 기술을 사용했다는 점이다. 철 제련 방식을 터득한 후에 제조되었을 것으로 추측되는 기원전 10세기 철 제련 용광로가 나이지리아의 타루가 마을에서 발견되었기 때문이다. 이때 동시대에 사용된 것으로 보여지는 석기 도구도 많이 발견되었는데 아마도 철을 제련하는 기술은 있었지만 재료가 충분하지 않았거나 다른 이유로 철로 만든 제품이 널리 확산되지 못한 것으로 추정된다.

녹 문화의 특이한 점은 다른 문명에서는 가공하기 쉬운 구리나 청동을 사용해 도구를 만들고 기술력이 무르익어 높은 열을 다룰 줄 알게 되면 철기 문명에 진입했는데 녹 문화 사람들은 석기에서 곧바로 철 도구를 만들었다는 점이다. 이는 세계적으로 매우 드문 사례이다. 많은 연구에도 불구하고 녹 문화의 출발과 기원에 대해서는 여전히 미스터리로 남아있다. 다만 녹 문화의 예술성이 11~15세기까지 나이지리아 남서부에 위치한 이페 지역의 금속 세공에 영향을 미친 것으로 추정된다. 이페 사람들은 금속으로 실물과 같은 머리 조각을 구현했는데 그 특징이 녹 문화의 표현 방식과 유사하다.

문화유산 반환을 위한 노력

녹 문화의 일부 유물들은 1952년 설립된 나이지리아 조스 박물관으로 이관되었지만 안타깝게도 많은 양의 유물이 매장지에서 도굴되거나 약탈되어 유럽으로 유출되었다. 부족한 국가 재정, 문화유산의 중요성에 대한 인식 결핍, 종교적 극단주

● 베냉에서 족장인 오바가 두 조각상의 반환을 기념하고 있다.

의자에 의한 무관심 등으로 문화유산에 대한 불법적인 도굴과 약탈이 독립 후에도 지속되었던 것이다. 1993년 유럽 상인들이 고용한 현지인에 의해 약 3,000개의 도기 조각상이 유럽으로 유출되었고 건설 현장에서 발굴된 녹 문화유산들도 외국으로 밀반출되었다고 한다. 그 결과 유럽 및 미국의 미술관에서 녹 문화재를 쉽게 접할 수 있다. 사하라 이남의 아프리카 문화유산의 90퍼센트는 유럽에 있는 것으로 추정되는데 프랑스 박물관만 해도 아프리카 예술품 7만여 개를 소장하고 있다.

다행인 것은 나이지리아 학자들의 노력으로 약탈된 문화재들이 조금씩 고국으로 돌아오고 있다는 점이다. 베냉 왕국 시절에 구리로 만든 베냉 왕 얼굴 조각상, 어린 수탉 조각상이 최근에 반환되었고 이런 추세는 앞으로도 이어질 듯하다.

할리우드는 가라, 날리우드가 있다!

할리우드 블록버스터가 아무리 세계적인 흥행을 해도 우리만의 정서를 담기에는 한계가 있다. 같은 맥락으로 나이지리아에도 나이지리아 사람들, 좀 더 넓게는 사하라 이남 아프리카인들이 공감할 수 있는 영화 산업이 존재한다. 이것을 '나이지리아'와 '할리우드'를 합성해 '날리우드'라고 부른다.

● 나이지리아의 영화 시장은 미국 할리우드에서 따와 '날리우드'라고 불리고 있다.

우리나라에는 별로 알려지지 않았지만 나이지리아 영화 산업은 1990년대부터 급성장해 연간 개봉 횟수로는 세계 2위에 달하며 미국을 제치고 인도 영화 산업에 이어 세계에서 두 번째 규모를 자랑한다. 날리우드의 영화 수입은 매년 2억 5,000만 달러, 제작되는 영화 수도 매달 약 200개에 이른다.

날리우드 영화의 시작

초기 날리우드는 일종의 홈 비디오 같은 형태여서 품질이 매우 낮았다. 당시에는 한정된 예산과 장비로 짧은 기간에 많은 작품을 찍어내야 했기 때문이다. 이때 요루바족이 만든 순회 연극 전통은 날리우드의 형식을 만들고 유통 시스템을 구축하는 데 중요한 역할을 했다.

나이지리아 서부와 베냉 지역에 거주했던 요루바족은 여러 마을을 돌아다니며 연극을 했고 이것을 저렴하고 다루기 쉬운 비디오 포맷 VHS로 촬영해 영화로 만들었다. 부족한 자금과 환경에도 불구하고 이들은 조금씩 성공을 거두었고, 그 결과 소규모 영화 제작자들도 이를 비디오테이프나 DVD용 영화로 제작했다. 이들의 영화는 대부분의 작품이 기술성과 예술성 면에서 부족했지만 할리우드에서는 볼 수 없는 독창적이고 신화적인 스토리로 관객의 관심을 끌었다.

유통 시스템 측면에서도 살펴보자. 저예산으로 단기간에 촬영하다 보니 유명 작품은 거리 가판대나 해적 시장을 통해 빠르게 유통되었다. 다만 흥행에 실패한 작품은 그 수명이 이틀을 채 넘기지 못하고 시장에서 사라졌다. 이 또한 리스크를 줄이는 독특한 유통 시스템이라고 할 수 있다.

디지털 시대의 날리우드 영화 산업

2000년대 디지털 시대로 접어들면서 날리우드도 새로운 국면을 맞이했다. 디지털 촬영 및 편집 기술이 확산되면서 전반적인 품질이 높아지고 코미디와 드라마에 국한되었던 장르가 공포물, 시대극, 뮤지컬, 애니메이션 등 다양하게 제작되기 시작한 것이다. 또한 극장에서 영화를 즐기고자 하는 문화가 형성되어 주말마다 영화관이 북적였다. 지금은 나이지리아 정부 및 해외 투자자들도 나이지리아 영화 산업을 육성하고 지원하고 있다.

영화 제작의 규모와 예산이 커지고 전통적인 날리우드와 구분되는 이와 같은 동향을 '신날리우드*New Nollywood*'라고 부른다. 외국 투자자들도 나이지리아 콘텐츠에 많은 관심을 보이고 있다. 2019년 날리우드 콘텐츠 플랫폼 회사인 이로코 티비*IROKO TV*를 프랑스의 텔레비전 회사인 Canal+가 약 450억 달러의 금액으로 인수하여 세계적으로 큰 관심을 불러일으킨 것을 비롯해 2020년에는 넷플릭스가 나이지리아와 남아프리카

● 이로코 티비 홍보물

● 넷플릭스에서 상영하는 날리우드 작품들

공화국 시장에 착륙하며 디지털 플랫폼을 통한 영화 산업이 가속화되고 있다. 날리우드는 세계적인 트렌드와 어깨를 나란히 하며 계속 진화하고 있다.

나이지리아의 유명 배우인 제네비브 나지*Genevieve Nnaji*가 감독한 〈Lion Heart(라이온 하트)〉는 나이지리아 영화 최초로 '2019 오스카 영화제'에 출품되었다. 영화 소재도 로맨스, 드라마 장르에서 점차 사회·정치적인 이슈를 다루며 영화의 깊이와 영향력이 확대되고 있다. K-드라마가 세계적인 콘텐츠가 되었듯이 날리우드도 나이지리아만의 스토리텔링으로 세계 무대에서 조금씩 그 존재를 만들어가며 성장하고 있다.

나이지리아 영화의 현재와 미래

● 스탠리 오히쿠아레

스탠리 오히쿠아레Stanlee Ohikuare는 초현실주의 화가이자 유명한 날리우드 영화감독이다. 20년 넘게 나이지리아 엔터테인먼트 업계에서 영화 관련 일을 하고 있으며 다양한 장르의 영화와 에니메이션을 제작하는 등 나이지리아 영화계의 질적인 성장을 위해 활발한 활동을 펼치고 있다. 그와의 인터뷰를 통해 나이지리아 영화의 현재와 미래에 대해 살펴보자.

Q. 최근 넷플릭스를 비롯한 엔터테인먼트 플랫폼 덕분에 날리우드가 더 부흥하고 있는 것 같습니다. 투자도 늘고 있고요. 이러한 트랜드를 어떻게 보십니까?

맞습니다. 넷플릭스 덕분에 나이지리아 영화 산업이 국제적인 조명을 받게 되어 감사할 따름입니다. 과거에는 어떻게 하면 좀 더 많은 관객에게 영화를 알릴 수 있을까 고민하며 배급, 유통, 마케팅에 신경을 썼는데 이제는 넷플릭스가 배급사 역할을 해주니까요. 아마존도 그렇습니다. 과거 극장 위주의 배급 방식에서 이제는 스트리밍 업체들이 저희의 꿈을 실현시켜주는 것 같습니다.

Q. 감독님은 영화 제작뿐 아니라 영화제, 영화 워크숍 등을 자비로 수년째 주최해오신 걸로 알고 있습니다. 준비가 만만치 않을 텐데 어떤 열정과 소명으로 하시는 건가요?

창작자로서 제가 영화 제작과 다양한 활동을 하는 주목적은 엔터테인먼트 업계를 초월해 사회를 변화시키는 데 있습니다. 영화는 이를 위한 참된 도구이며, 영화감독은 변화를 위한 중개자가 되어야 합니다. 제 영화 중 상당수가 기존 규범에 도전하고 다른 감독들이 다소 꺼리는 주제를 다룹니다. 제가 2016년 '실시간 국제영화제'를 창립한 목적은 차세대 아프리카 영화감독들에게 각자가 원하는 네러티브를 형성할 수 있는 장을 만들어주기 위해서입니다. 젊은 감독들은 '실시간 국제영화제'를 매개로 삼아 그들의 작품을 전 세계의 관객과 나누고 다양한 파트너십을 구축할 수 있는 기회로 삼을 수 있을 것입니다.

Q. 나이지리아 영화 산업의 명암은 무엇이라고 생각하십니까?

영화에 대한 전문 교육을 받은 활기찬 젊은이들이 많아졌다는 점은 긍정적입니다. 하지만 여전히 과거의 방식을 고수하며 작품성이 낮은 영화를 대량으로 찍어내는 이들이 많습니다. 이런 작품들이 계속해서 상업적인 성공을 거두는 한 이 둘은 당분간 공존할 수밖에 없어 아쉽습니다.

Q. 감독님은 나이지리아의 정치·사회 이슈에 대해 매우 적극적으로 의견을 개진하는 것으로 유명합니다. 영화를 통해 어떤 메시지를 전달하고 싶나요?

제게 영화는 사회를 변화시키기 위한 도구입니다. 저는 운 좋게도 이 소중한 도구를 잘 다룰 줄 압니다. 제 작품을 꼼꼼히 살펴보면 사회 변화의 메시지를 담지 않은 것이 거의 없습니다. 하지만 이런 영화들은 잘 안 팔리고 일반 공공 극장에서 상영도 잘 안되지요. 그래서 대부분의 영화감독은 이를 만들지 않으려고 합니다. 그러나 저는 개의치 않습니다.

가장 최근에 찍은 영화는 한 자폐증 소년을 소재로 했는데 그에게 연민을 가진 한 자원봉사자의 사랑과 노력으로 치유가 되는 이야기입니다. 이 영화를 찍기 위해 저는 실제 자폐증을 겪고 있는 사람을 캐스팅했습니

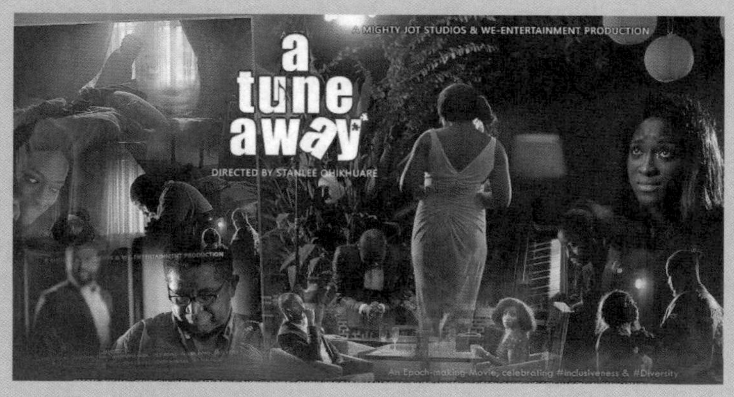

● 스탠리 오히쿠아레 감독의 영화 〈a tune away〉

다. 모두가 저를 미쳤다고 했지만 이 실험의 결과는 너무나 훌륭했습니다. 이를 최초로 시도한 제 자신이 자랑스러웠죠. 이 영화 제목은 〈a tune away〉인데 아프리카 영화계에 포용성과 다양성의 메시지를 주고자 특히 노력했습니다.

Q. 한국 드라마나 영화를 본 적 있나요? 어떤 관점으로 바라보셨나요?

한국 영화 몇 작품을 보았는데 참 인상적이었습니다. 한국 영화를 통해 느낀 점은 모든 나라는 자신의 문화를 있는 그대로 포용해야 한다는 점이었습니다. 영화 속에서 우리 자신을 표현하고 삶을 있는 그대로 보여주고 모국어를 쓰는 것을 부끄러워할 필요가 없습니다. 국제적인 찬사를 받기 위해 우리 고유의 어떤 것도 희생시킬 필요가 없다는 것을 느꼈습니다.

Q. 마지막으로 하고 싶은 말이 있으면 해주세요.

한국 영화사와 협력할 수 있는 기회가 주어진다면 서로 다른 각자의 문화에 대해 새롭게 조명할 수 있는 스토리를 함께 만들어보고 싶습니다.

나이지리아 사람들의 패션

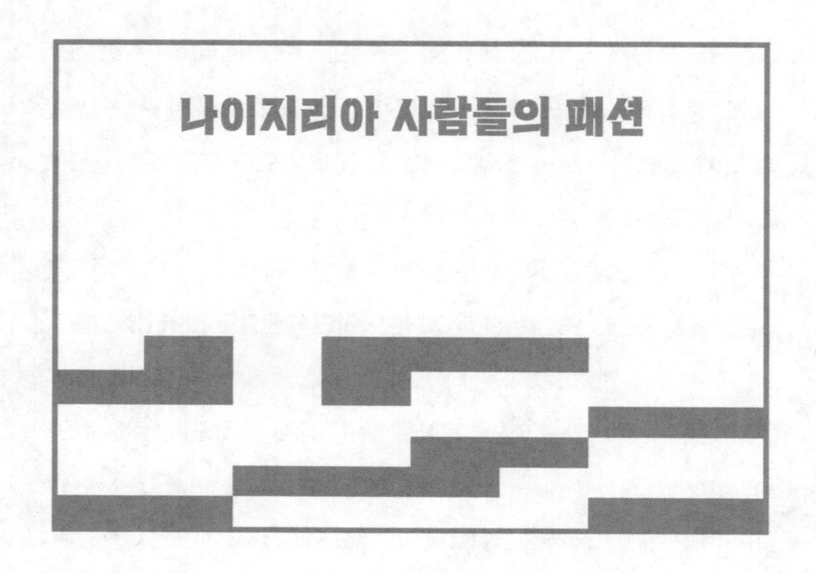

나이지리아 사람들은 늘 흥이 넘친다. 원색적인 패션, 화려한 액세서리, 귀가 터질 것 같은 경쾌한 음악에 큰소리로 대화를 나누며 격렬하게 춤을 추는 게 일상이다. 재미있게도 이러한 광경은 교회나 결혼식장에서 특히 잘 드러난다. 종교와 결혼은 문화 인프라가 다양하지 않은 환경에서 마음껏 치장하고 사람들과 어울릴 수 있는 소통의 장이라고 할 수 있다.

나이지리아 사람들은 주중에는 서구 정장 스타일을 입지만 금요일에는 각자의 패션 감각을 뽐내며 민족집단의 전통 의복을 입고 출근한다. 주말에는 결혼식, 교회, 각종 이벤트 등으로 거리가 더욱 화려해진다.

앙카라

나이지리아의 전통 드레스는 뻣뻣한 광목 재질에 다양한 동물 패턴이 프린트된 앙카라*Ankara*라고 불리는 섬유로 만든다. 앙카라는 나이지리아뿐 아니라 아프리카 전역에서 전통복을 만들 때 사용되는데 아프리카산 섬유가 아니라 동남아시아에서 생산된다는 점이 특이하다. 아프리카 사람들의 취향에 맞았는지 19세기부터 아프리카 전통 패션이 되었다.

나이지리아 사람들은 대체로 전통식과 서양식으로 두 번 결혼식을 올린다. 이때 신랑 신부뿐 아니라 하객들도 정해진 드레스 코드에 맞추어 자신의 패션 감각을 뽐내곤 한다. 결혼식 초청장에 그날의 드레스 코드 디테일과 어디에서 옷을 맞출 수 있는지 연락처가 나와 있어 하객들은 같은 원단으로 개성 있게 드레스를 만들어 입을 수 있다. 그렇다고 매번 결혼식 때마다 옷을 맞추기에는 경제적 부담이 너무 클 것이다. 초청장에 안내된 원단과 비슷한 색상의 의상이 있으면 그걸 입어도 상관 없다.

나이지리아는 기성복보다는 직접 재단한 맞춤복을 즐겨 입는다. 제조업 기반이 약해서 의류 공장이 거의 없기도 하지만 옷을 맞추는 비용이 저렴하기도 하고 사람들마다 몸의 굴곡과 사이즈가 다양하다 보니 몸에 꼭 맞는 기성복을 찾기가 어렵기 때문이다.

● 교회 갈 때 즐겨 입는 동물무늬 패턴의 앙카라 패션

● 같은 원단으로 다양한 드레스 스타일을 뽐내는 결혼식 하객들

겔레

● 케냐 배우 루피타 뇽이 영화제에 겔레를 쓰고 나와 화제가 되었다.

나이지리아 패션의 완성이자 전통 의상에 빠질 수 '겔레*gele*'는 드레스 천과 동일한 색 혹은 배색으로 맞춰 착용하는 두건이다. 사이즈가 크고 화려할수록 우아함과 품위를 상징한다. 전통 결혼식, 교회 혹은 특별한 파티 의상에서 볼 수 있다.

패션은 나이지리아 사람들만의 특성과 문화를 드러내는 중요한 지표이다. 이들은 적극적이고 대범한 성격만큼 화려한 색감과 과감한 패션 스타일로 자기만의 정체성을 드러내고 있다.

나이지리아에서의 비즈니스 복장

나이지리아에서는 정부 기관이나 중요한 미팅을 위해 업체를 방문할 때 아무리 날씨가 더워도 긴팔 정장을 입어야 한다.

한국에서 출장오는 사람 중 나이지리아의 날씨가 덥다고 생각해서 반팔 와이셔츠를 입고 미팅에 참석하는 경우가 있는데 이는 격식을 갖춘 복장이 아니다.

● 아부자에서 정부 기관과의 미팅 후. 사무실에 에어컨이 잘 안 나와 엄청 더웠지만 남성들은 전통복이나 정장을 갖추어 입고 무슬림 여성들은 히잡과 긴 드레스를 착용하고 출근했다.

일상에 스며든 종교의 힘

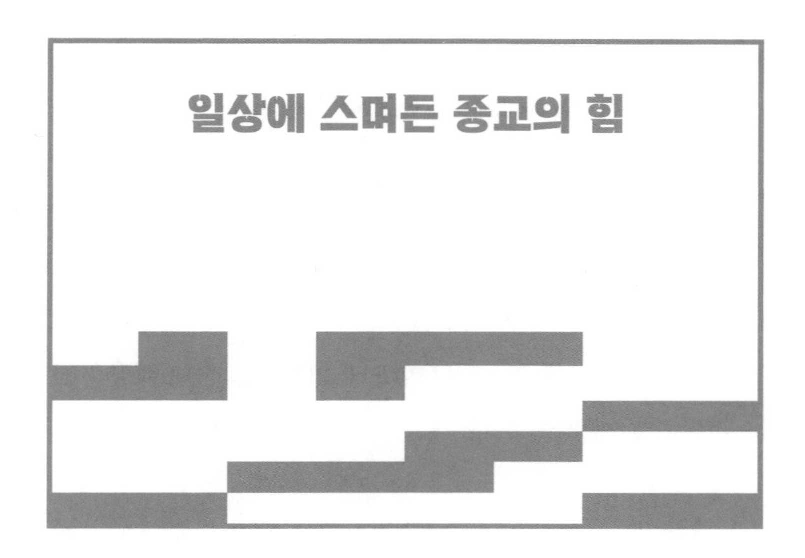

일상과 종교가 분리되어있지 않은 나이지리아

나이지리아 정부 공식 행사에 참석해보면 공식 식순의 처음과 끝에 기도가 포함되어있다. 나이지리아 사람들에게 "일이 잘되길 빌어요."라고 인사하면 "아멘!"이라고 대답하기도 한다. 하우사-풀라니족 같은 무슬림들은 한창 회의를 하고 있는 중에도 기도 시간이 되면 기도하러 나간다. 특히 라마단 기간에는 업무가 제대로 진척되기 어렵다. 나이지리아 사람들에게 일상과 종교는 분리되어있지 않다.

나이지리아 사람들은 난처하거나 불편한 상황을 무마하기 위해 종교를 이용하기도 한다. 한 번은 약속 시간을 잘 지키지 않는 나이지리아 변호사와 중요한 일정을 잡고 "제시간에 보자!"고 했더니 "With God's willing, I will be there.(신의 뜻에 따라가도록 할게.)"라고 하길래 "약속 시간에 나오는 것과 신이 무슨 상관! 네가 빨리 나오면 되는 거지. 거룩한 신 핑계 대지 마!"라고 나도 모르게 버럭 한 적이 있다.

세계적인 교통 체증으로 유명한 라고스에서는 교통사고도 빈번하게 일어난다. 자동차 보험도 들어놓지만 손해 배상을 받으려면 조건이 매우 까다로울 뿐더러 소요 시간도 오래 걸려 그 효과가 미비하다.

오토바이나 케케가 뒤에서 승용차를 받는 경우가 종종 일어나는데 승용차 운전자가 가해자에게 책임을 물으려고 하면 갑자기 사고 구경을 하던 사람들이 참견을 한다.

"신의 이름으로 저 사람을 용서해. 너는 차만 고치면 되지만 저 사람은 가진 것도 없잖아." 가해자는 미안해하지 않고 피해자는 분위기상 그냥 넘어가야 하는 상황이 생기는 것이다.

나이지리아의 전통 종교 주주

나이지리아, 가나, 카메룬 등 서부 아프리카에는 '주주*JUJU*'라는 전통 미신이 있다. 기독교와 이슬람교 등이 전파되기 전부터 존재해온 주주는 특정한 사물이나 사람에 영적인 힘을 불

● 죽은 동물을 제물로 삼아 주주 의식을 행하는 모습을 보여주는 날리우드 영화의 한 장면

어넣어 자신이 원하는 목적을 이루고자 할 때 동물이나 사람을 제물로 삼거나 미워하는 사람의 주변에 영의 힘을 불어넣은 물건을 몰래 두면 그것이 힘을 발휘한다고 믿는다. 나이지리아에는 무슬림을 믿든 기독교를 믿든 종교와 상관없이 주주의 힘을 암암리에 믿고 따르는 사람이 많다.

나이지리아 사람들은 처음 만난 사람에게 종교를 꼭 물어본다. 종교가 없다고 하면 이해할 수 없다는 표정을 짓는다. 한국인의 30퍼센트 이상이 무신론자라고 하면 깜짝 놀란다. 그만큼 그들에게 종교는 삶에 중요한 부분을 차지한다.

언제 어디서나 넘쳐나는 나이지리아 사람들의 흥

나이지리아 사람들이 사랑하는 춤

저녁 무렵 나이지리아 길거리에는 신나는 음악을 틀어놓고 춤을 추는 사람들을 쉽게 발견할 수 있다. 어린아이부터 나이가 지긋한 노인까지 나이와 성별을 막론하고 흥겨운 리듬이 몸에 밴 이 나라 사람들은 전기가 안 들어오는 깜깜한 집에서도 마당에 음악을 틀어놓고 몇 시간 동안 지치지도 않고 춤을 춘다. 교회에서 헌금을 봉헌할 때도 사람들은 순서대로 스텝에 맞추어 춤을 추며 나갔다가 돌아온다. 나이지리아 사람들에게 춤은 DNA에 새겨진 듯하다.

나이지리아의 흥겨운 음악

나이지리아 특유의 타악기 리듬에 재즈, 펑키한 그루브가 조합된 아프로비트*Afrobeat*는 세계적으로 유명하다. 이를 공연하는 부르나 보이*Burna boy*는 나이지리아 아티스트로는 최초로 그래미상 후보에 오르기도 하고 비욘세의 앨범에 참여하기도 했다.

어떠한 삶의 무게가 덮쳐도 그다음 날 아무렇지 않게 웃을 수 있는 힘은 나이지리아 사람들이 삶을 즐기는 방식과 깊은 연관이 있다. 현실적이면서도 '인생 별 거 있어?'라며 춤추고 노래하고 자신을 제대로 표현할 줄 아는 진하디진한 인간미가 그들만의 독특한 매력이다.

● 샤쿠샤쿠라고 하는 나이지리아 춤은 특유의 손놀림과 스텝이 특징이다. 아프리카식 '강남스타일'이라고도 한다.

● 흥겨운 음악에 맞추어 춤을 추는 신부와 들러리 친구들. 결혼식에서도 단체 춤은 빠질 수 없다.

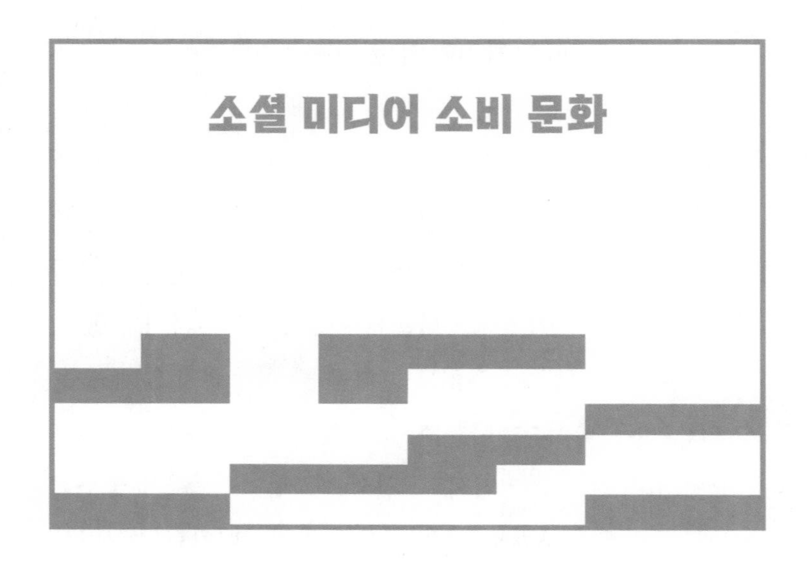

나이지리아의 약 3,300만 명•의 사람들이 평균 3시간 이상 소셜 미디어를 이용한다. 그중 가장 많이 사용하는 서비스는 카카오톡과 같은 메신저 앱인 왓츠앱*Whatsapp*으로 9,000만 명 이상이 사용한다. 그다음은 페이스북, 인스타그램 순이며 스냅챗, 틱톡 같은 숏폼 플랫폼은 젊은이들이 특히 선호한다.

소셜 미디어는 전 세계 낯선 이들과 소통하고 정보 탐색, 쇼핑, 홍보 등 모든 것을 가능하게 하는 전천후 플랫폼이 되었다. 나이지리아에서도 인기 유튜버나 인플루언서들이 연예인 못지않는 인기와 영향력을 바탕으로 기업들과 제휴하며 높은 수

• 총인구의 16퍼센트 정도

익을 올린다. 이들은 더 많은 팔로워와 수익을 위해 대중의 시선을 끌 수 있는 임팩트 있는 콘텐츠를 찾고 있다.

인스타그램에서 나이지리아 사람들이 가장 많이 팔로잉을 하는 TOP3는 모두 가수이다. 다비도(@davido)가 2,300만 명, 예미 알라데(@yemialade)가 1,600만 명, 티와 새비쥐(@tiwasavage)가 1,460만 명이다.

티와 새비쥐

이 중 티와 새비쥐Tiwa Savage는 나이지리아의 국민 가수라고 할 수 있다. 영국에서 자라 가수로 데뷔한 후 2012년 나이지리아로 돌아와 가장 큰 뮤직 소속사인 마빈 레코즈와 계약하며 본격적으로 나이지리아에서 활동을 시작했다. 그녀는 소울 뮤직, 발라드풍의 장르를 구사하며 국민의 폭넓은 사랑을 받고 있다. 또한 펩시콜라 광고 모델, 2019년 미국의 유니버셜사와 역대급 이적 계약 등 최고의 인기를 구가하고 있다.

그러나 인생에 꽃길만 존재할 수는 없듯 2021년 10월 그녀는 큰 위기를 겪었다. 자신과 남자 친구의 사생활 동영상이 남자 친구의 실수로 스냅챗에 몇 초 동안 업로드가 되었는데 그 순간을 스토커가 잡아내 거액을 보상하지 않으면 동영상을 유포하겠다고 협박한 것이다. 이는 미국 라디오 프로그램에서

● 티와 새비쥐의 펩시콜라 광고 이미지

인터뷰 중 그녀가 밝힌 내용으로 나이지리아 미디어뿐 아니라 CNN 같은 외신도 이를 보도하며 폭발적인 관심을 보였다. 팬들은 이를 밝힌 그녀의 용기에 박수를 보내며 지지하기도 했지만 음반 판매를 위한 홍보 전략이나 조작된 비디오이라는 온갖 구설수가 소셜 미디어를 달구기도 했다. 결국 10월 19일 문제의 동영상이 누군가에 의해 유튜브에 유포되었고 이는 엄청난 조회수를 기록했다. 일부 사람들은 그녀가 신중하게 처신하지 않아 그런 동영상이 찍힌 것이라며 그녀를 질책했다. 반면 젊은 세대들은 이 스캔들을 크게 개의치 않고 여전히 티와 새비쥐의 음악을 사랑하고 있다.

티와 새비쥐는 사건 후 이틀 만에 활동을 재개했다. 실제로 동영상 사건 이후 그녀의 팔로워는 100만 명이 더 늘었고 인기도 더 높아졌다. 그녀는 보란 듯이 씩씩하게 공연과 콘서트를 이어가며 지금도 나이지리아의 톱스타로서 굳건히 자리를 지키고 있다.

악플을 먹고사는 보브리스키

티와 새비쥐와는 반대로 악플을 먹고 사는 소셜 미디어 스타가 있다. 바로 보브리스키*Bobrisky*이다. 그는 남성 드랙퀸으로 활동하다가 2021년 7월 성전환 수술을 했다고 공개 발표하며 현재 트랜스젠더로 활동하고 있다.

그의 인스타그램 팔로워는 400만 명이 좀 넘는데 톱가수에 비하면 적은 수이다. 하지만 가수도 배우도 아닌 그가 연기, 춤, 노래 같은 특기 없이 순전히 소셜 미디어 스타로 이 정도의 관심을 받는 것은 대단한 일이다. 게다가 아프리카의 국가들은 동성애에 대해 매우 보수적이고, 특히 나이지리아는 동성애자에게 법적으로 14년까지 징역에 처할 수 있다.

● 보브리스키. 맨 오른쪽 사진이 성전환 수술 전 모습이다.

보브리스키의 소셜 미디어에는 악플이 지배적이다. 거리를 다닐 때는 욕을 먹기도 한다. 그럼에도 그는 화이트닝 화장품, 패션 아이템 등을 소셜 미디어를 통해 홍보하며 사업가로 성공했다. 화이트닝 크림을 바르기 전과 후의 사진을 공개하며 하얀 피부를 갈망하는 나이지리아 사람들을 대상으로 고가 화장품을 판매하는 그는 성 정체성의 혼란으로 여성이 된 것이 아니라 생계 수단을 위해 수술을 택하고 그것을 거리낌없이 이야기한다는 점에서 보수적인 나이지리아 사회에 파장을 일으키고 있다.

"저는 공식적으로 거의 25년 동안 남자로 살았고, 아무것도 내세울 것이 없었습니다. 라고스대학에서 회계학 졸업장을 받았지만 삶이 힘들어 제 삶에 대해 곰곰이 생각해보았죠. 만일 도둑질을 하면 결국 죽음을 맞이할 것이고, 사기를 쳐서 타인이 땀 흘리며 번 돈을 가로채고 싶은 마음도 없습니다. 자라면서 저는 제 몸 안의 여성적인 면을 발견했고 여성처럼 옷을 입기 시작했습니다. 그랬더니 신기하게 돈이 벌리기 시작했어요. 여전히 저는 이 점이 놀랍습니다. 비싼 크림을 몸에 바르고, 여성 호르몬 약을 사용하며 몸을 관리했습니다. 그러면서 더 많은 돈을 벌었습니다."

보브리스키가 자신의 인스타그램에 썼던 글이다. 그는 여전히 논쟁적인 글과 사진을 올리며 수많은 악플을 상대한다. 하지만 사람들은 그를 비호감으로 생각하면서도 계속해서 그의 행보를 궁금해한다.

보브리스키는 일류 대학을 나와도 돈과 인맥 없이는 성공하기 힘든 사회 구조에 좌절한 나머지 가장 극단적인 방식으로 자신의 몸을 상품화해 경제적인 성공을 이룬 예로 볼 수 있다.

호불호가 확실한 나이지리아 음식

뜨거운 날씨에 다이내믹하고 정글같이 살벌한 생활을 하다 보면 자극적인 음식을 찾게 된다. 대체로 강한 향신료에 맵고 짠 나이지리아 음식은 이럴 때 안성맞춤이다.

나이지리아 음식은 어디서 판매하느냐에 따라 가격이 천차만별이다. 길거리에서 파는 현지 음식과 고급 레스토랑에서 파는 음식은 같은 메뉴여도 5~10배 가까이 차이가 난다. 최근에는 뷔페처럼 원하는 메뉴를 접시에 담아 바로 먹을 수 있는 프랜차이즈 음식점이 많아지고 있다. 일반 음식점은 요리 시간이 보통 30~40분 걸리기 때문에 바쁜 직장인들이 특히 선호한다.

나이지리아 음식은 허브잎, 향신료, 양념, 팜유 등을 다양하게 넣기 때문에 이 조합에 따라 여러 가지 맛이 동시에 난다.

● 뷔페식 레스토랑

졸로프 라이스*Jollof rice*

졸로프 라이스는 나이지리아뿐 아니라 서부 아프리카 국가에서 흔하게 접할 수 있는 국민 볶음밥(?)이다. 토마토소스와 강한 향신료로 맛을 내며 기호에 따라 당근, 양파 등을 같이 볶는다. 보통은 치킨이나 생선 혹은 샐러드 등과 함께 먹는다.

● 졸로프 라이스와 치킨 요리의 조합. 흔히 가나와 나이지리아가 졸로프의 양대 산맥으로 서로 자신들의 졸로프가 우위라고 한다.

페퍼 수프*Pepper soup*

● 나이지리아 국민 수프인 페퍼 수프. 페퍼 수프 국물맛은 신라면과 비슷해 한국 라면이 그리울 때 종종 찾게 된다. 감기에 걸려 몸이 안 좋을 때도 매운 페퍼 수프 하나면 열을 내기에 좋아 효과적이다.

나이지리아를 대표하는 맵고 짠 수프이다. 청양고추와 양파, 마늘 등으로 매운 국물을 만든 다음 취향에 따라 양고기, 생선, 치킨 중 하나를 선택해 곁들여먹는다. 수프지만 국처럼 국물이 많지는 않다.

수야*Suya*

● 소고기를 꼬치에 넣고 수야 가루를 묻혀 불에 굽는다.

소고기, 생선, 치킨 등을 불에 구워 매운 소스에 절여 만드는 일종의 바비큐 요리이다. 날이 선선해지는 저녁 시간이 되면 길거리 여기저기에 연기가 모락모락 나며 꼬치에 고기를 끼운 수야를 즉석으로 만들어 파는 사람들이 영업을 시작한다.

수야의 핵심은 수야 가루 에 있다. 라면 스프 맛과 비슷한데 매우면서도 땅콩을 갈아 넣어 고소한 맛도 난다. 외국에서 생활하는 나이지리아 사람 중 수야를 그리워하는 이들은 수야 가루를 수입해 받는다고 하니 나이지리아 고향의 맛할 만하다.

에구시*Egusi*

멜론 씨 열매를 주원료로 해서 시금치, 팜유, 후추, 토마토, 소 껍데기 등을 버무려 만든 나이지리아의 대표 음식이다. 식감은 순두부찌개와 비슷하다. 맛이 자극적이지 않아 외국인도 쉽게 먹을 수 있다.

● 에구시를 먹을 때는 주로 반죽한 곡물을 선택하는데 마와 같은 얌, 밀가루 반죽이 들어간 아말라 등을 곁들여 먹는다.

우리나라에서는 주메뉴를 시키면 공기밥이 기본으로 제공되지만 나이지리아 음식점에서는 같이 먹을 곡물을 따로 선택한다. 보통은 얌이나 아말라를 시키는데 언젠가 집 청소를 해주는 현지인 도우미에게 음식점에서 포장해온 아말라 몇 봉지를 건넸더니 같이 먹을 음식을 요구해 당황했던 경험이 있다. 나중에 친구에게 물어보니 곡물을 줄 때는 꼭 같이 먹을 음식을 주는 게

● 떡 반죽처럼 생긴 얌(왼쪽)과 아말라(오른쪽). 곡물을 다양한 음식에 곁들여 먹는다.

예의라고 하니 여러분은 나 같은 실수를 하지 않기를 바란다.

플렌테인 칩스*Plantain chips*

플렌테인 칩스는 우리나라 새우깡과 비슷한 스낵의 일종이다. 플렌테인은 열대 지방에서 나는 바나나의 한 종류인데 바나나보다 크고 맛이 실하다. 서부 아프리카에서 워낙 흔하고 저렴하다 보니 다양한 요리에 활용한다.

교통 체증이 있는 곳이면 어느 순간 플렌테인 칩스를 파는 거리상이 나타난다. 플렌테인 칩스는 익은 플렌테인을 튀겼는지 익지 않은 것을 튀겼는지에 따라 맛이 다른데 익은 것은 맛이 달고 약간 눅눅하다. 어떤 향신료를 넣느냐에 따라 향도 다양하다. 라고스에서 교통 체증을 경험하게 되면 꼭 플렌테인

● 길거리에서 플렌테인 칩스를 파는 소년들

● 익지 않은 플렌테인 과일 다발. 바나나와 흡사하다.

칩스를 먹으며 스트레스를 달래 보길. 매운맛 강추!

음식은 타 문화에 대한 수용성을 보여주는 흥미로운 척도이다. 나이지리아에 방문하는 사람들을 보면 현지 음식을 거부감 없이 받아들이는 사람일수록 나이지리아 문화에 쉽게 적응하는 경향을 보이곤 했다. 반면 나이지리아에 오래 살아도 현지 음식을 피하는 사람들은 대체로 현지 문화를 힘들어했다. 나이지리아에 잘 적응했다고 자부하는 나 또한 나이지리아에서의 삶이 너무 힘들 때는 한동안 현지 음식을 피하곤 했다.

우리나라에서 나이지리아 음식을 경험해보고 싶다면 이태원에 있는 나이지리아 음식점에 방문해보기를 권한다.

함께 생각하고 토론하기

나이지리아는 다양한 민족집단으로 구성되어있어 문화를 규정하기가 어렵습니다. 그럼에도 날리우드로 대표되는 영화 산업이 세계적인 관심을 얻고 음식, 패션, 음악 등에서 이웃 나라와 구분되는 문화적인 색채가 존재합니다. 이는 민족집단 간에 서로의 다름을 인정하고 존중하며 살아왔기에 가능할 수 있었습니다.

● 나이지리아 문화 중 흥미롭게 느껴지는 영역은 무엇인가요. 그 이유에 대해 이야기해봅시다.

● ● 소셜 미디어가 우리 일상에 깊숙이 차지하면서 생기는 좋은 점과 아쉬운 점을 찾아봅시다.

● ● ● 나이지리아 음식 중 어떤 음식을 가장 먹어보고 싶나요? 한국 음식과 나이지리아 음식의 비슷한 점과 다른 점에 대해 이야기해봅시다.

5부

여기를 가면 나이지리아가 보인다

뱀에 한 번 물린 사람은 벌레만 봐도
두려워하며 살아간다.

니케 아트 갤러리

니케 아트 갤러리*Nike Art Gallery*는 문화 예술에 관심 있는 사람이라면 적어도 한 번은 방문하는 일종의 문화의 성지와도 같은 곳이다. 빅토리아섬을 지나 신도시인 레키에 위치해있어 접근성도 좋다.

니케 아트 갤러리는 아티스트 니케 데이비즈 오쿤다예*Nike Davies-Okundaye*가 직접 운영하는 개인 갤러리로 4층 건물 전체에 최고의 그림과 조각상 등이 빼곡히 전시되어있어 작품을 하나씩 감상하다 보면 시간이 금방 지나가 버린다. 서부 아프리카에서 가장 큰 규모의 전시장인 이곳에 전시되어있는 작품 수는 압도적이다.

니케 아트 갤러리에는 방문객이 없는 날을 꼽기가 힘들다.

● 니케 아트 갤러리 내부와 외부

나이지리아에 있는 사람들이 그림에 대한 관심이 많아서는 아니다. 실제 그림을 구매하러 오는 고객은 10퍼센트도 안 된다. 많은 사람이 이곳을 찾는 이유는 바로 갤러리의 주인인 니케 데이비즈 오쿤다예 때문이다.

니케 데이비즈 오쿤다예는 1951년 가난한 요루바족 가정에서 태어나 정규 교육을 한 번도 받지 못했지만 전통문화와 예술에 대한 열정과 헌신으로 자수성가한 입지적인 인물이다. 그녀는 나이지리아 전통 염색법으로 천을 만들고 그 위에는 전통 문양을 채워 특유의 예술 작품을 창작한다. 그림에 새겨진 각각의 무늬는 서로 다른 상징성으로 어우러져 작품 속에서 스토리라인을 창조한다.

그녀의 삶은 순탄치 않았다. 스무 살도 안 된 나이에 결혼했지만 그녀의 첫 남편은 폭력적이었다. 난폭한 남편에게서 도망쳐 두 번째로 결혼한 남편은 백인 사업가였는데 알고 보니 사기꾼이었다. 그리고 현재 함께 살고 있는 세 번째 남편과는 나이 차이가 스무 살 가까이 난다.

니케 아트 갤러리를 건축할 당시 그녀는 어느 누구의 지원도 받을 수 없어 힘들었다고 한다. 돈을 아끼고자 건축하는 내내 건물 근처에 머물며 직접 현장을 감독했다고…. 여전히 정부로부터는 어떠한 지원도 나오지 않지만 니케 아트 갤러리는 나이지리아에서 가장 명성 높고 누구나 방문하고 싶어 하는 곳이 되었다.

● 버려진 타이어를 소재로 만든 코뿔소를 쓰다듬고 있는 니케 데이비즈 오쿤다예

● 니케 아트 갤러리에서 본 올라우미 반조의 〈위안〉이라는 작품. 삶의 고뇌와 무게가 어우러져 묘한 따뜻함을 준다.

니케 데이비즈 오쿤다예는 사랑이 넘치는 인물이다. 아무리 어려운 상황이어도 남에게 무언가를 나누어주고자 한다. 이제는 경제적으로 여유롭고 편하게 살 수 있지만 그녀는 미망인, 가난하지만 잠재성 있는 아티스트, 열심히 살고자 노력하는 젊은 여성에게 정신적인 힘이 되어주고 사회적 약자에게 늘 도움의 손길을 내민다.

니케 데이비즈 오쿤다예는 나이지리아에서뿐 아니라 해외에서도 인정받고 사업적으로도 성공한 인물이다. 미국, 영국, 벨기에 등 많은 국가에서 서부 아프리카 미술 작품 전시회를 개최했고 CNN, CNBC 등 해외 언론도 니케 아트 갤러리를 자주 방문해 취재해간다.

니케 아트 갤러리에 가면 입구에 들어서기도 전에 두 팔을 번쩍 들어 당신을 반기는 니케 데이비즈 오쿤다예를 만나볼 수 있을 것이다. 그리고 그곳에서 원색적이고 입체적으로 다이내믹한 나이지리아를 표현하는 다양한 예술 작품도 느껴볼 수 있을 것이다.

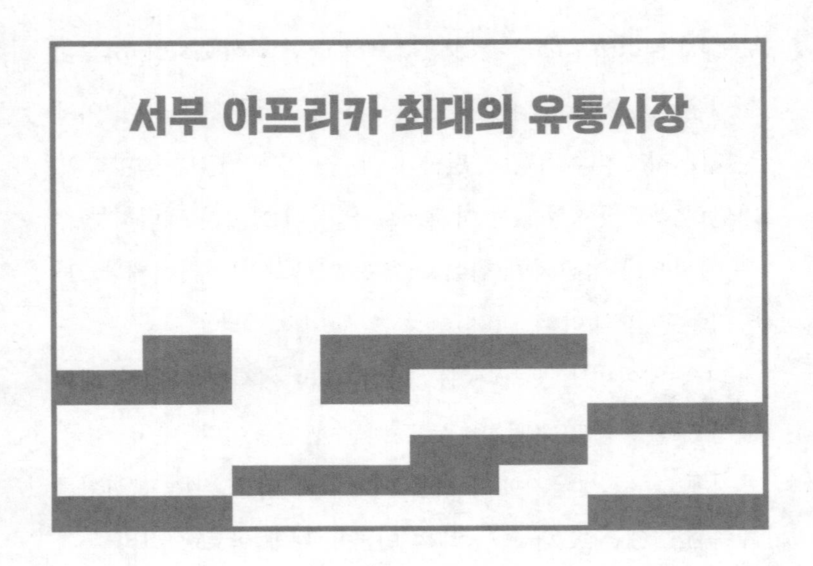

서부 아프리카 최대의 유통시장

나이지리아는 내수 시장만으로도 대국이지만 7개국과 국경을 마주하고 있는 지리적 위치 덕분에 서부 아프리카 국가 간의 무역이 이루어지는 요충지이기도 하다.

라고스에는 큰 도매 유통시장이 있는데 나이지리아 사람뿐 아니라 다른 서부 아프리카에서 온 상인, 중국이나 인도 같은 외국에서 온 제조업자 등 다양한 사람이 비즈니스를 위해 찾아온다. 라고스 중심부에서 이 시장에 가려면 교통 체증을 피해 아침 일찍 출발하는 것이좋다.

트레이드 페어*Trade fair*

트레이드 페어는 나이지리아에서 무역을 하려는 사람들이 시장 수요와 가격을 파악하기에 유용한 장소이다. 이곳에 상주한 업체의 90퍼센트 이상이 이보족이다. 이들은 중국, 두바이, 인도, 한국 등 세계 곳곳을 다니며 무역 아이템을 구해 이곳에서 잠재 고객을 찾는다. 한 가지 유의할 점은 트레이드 페어에서 유통되는 제품 중 상당수가 짝퉁이라는 것이다.

컴퓨터 빌리지*Computer village*

나이지리아의 용산이라고 할 수 있는 컴퓨터 빌리지는 라고스 국제공항과 가까운 이케자에 위치해 접근성이 좋다. 이곳은 현지인이 많이 사는 지역으로 늘 활기가 넘친다. 온갖 종류의 전자 제품과 부품을 팔고, 휴대폰 및 가전제품 브랜드의 서비스센터도 위치해있다. 나이지리아 휴대폰 시장 점유율 1위인 중국의 테크노*tecno* 브랜드는 나이지리아 입성 초창기부터 컴퓨터 빌리지를 거점으로 성장했다. 그래서인지 길거리 곳곳에 테크노 홍보 간판이 보인다.

나이지리아에서 구할 수 있는 모든 종류의 전자 제품을 이곳에서 찾을 수 있다. 중고 가전, 노트북, 휴대폰 등도 활발히

● 도매, 무역의 중심 시장인 트레이드 페어

● 나이지리아의 전자 제품 시장인 컴퓨터 빌리지

거래된다. 앞서도 말했지만 나이지리아 사람들은 잘 알려지지 않은 브랜드의 새 제품보다 잘 알려진 브랜드의 중고 제품을 더 선호하는 경향이 있어 중고 시장의 규모가 매우 크다.

발로군 시장*Balogun market*

의류, 액세서리, 잡화들이 주로 유통되는 발로군 시장은 라고스 아일랜드에 위치해있다. 식민지 시절 이곳은 항구였는데 그 흔적이 은행, 성당 등의 건축물에 남아있다.

발로군 시장은 섹션별로 아이템이 구분되어있어 나이지리아 패션 시장의 특징과 구조를 파악할 수 있다. 대로변에 위치한 상점들은 주로 중국에서 수입된 완제품을 취급하고 있고, 중고 의류와 우리나라에서 기증용으로 수거된 의류들도 보인다.

대로변 안쪽으로는 원단과 부자재 파는 곳이 차례대로 위치해있다. 결혼식이나 이벤트 등에 입을 단체복 원단을 구매하고자 할 때 발로군 시장에 가면 중국산, 인도산, 한국산, 터키산 등 세계 각지에서 수입한 다양한 원단을 저렴하게 살 수 있다. 나이지리아 수출 품목 중 지난 20여 년간 늘 상위권을 차지한 우리나라 자수 레이스 원단도 바로군 시장에서 쉽게 찾을 수 있다.

● 패션 의류 제품이 밀집한 발로군 시장 한복판

● 한국산 자수 레이스 원단으로 만든 나이지리아의 화려한 드레스

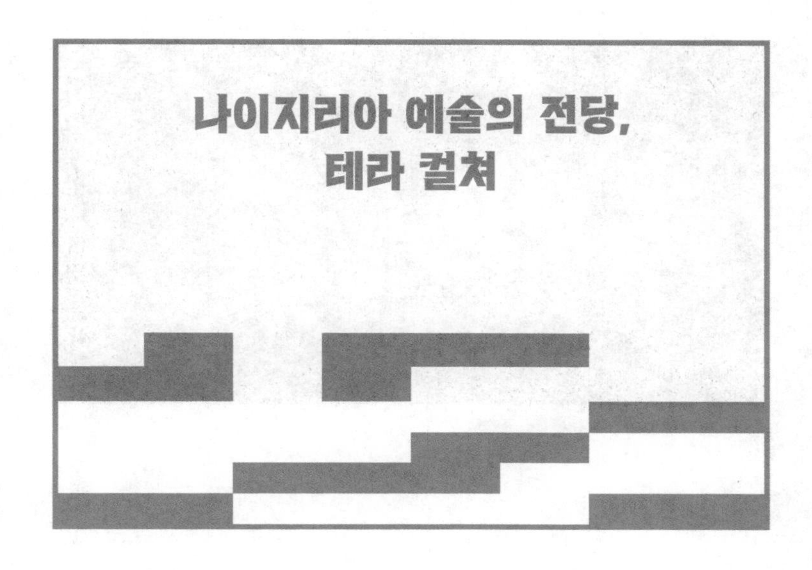

나이지리아 예술의 전당, 테라 컬쳐

니케 아트 갤러리에 나이지리아 사람들의 혼이 담겨 있다면 테라 컬쳐*Terra Kulture*에는 나이지리아의 현대적이고 감각적인 문화 예술이 꿈틀거린다. 우리나라 예술의 전당보다 규모는 작지만 실험적인 갤러리와 연극, 뮤지컬 등을 언제나 경험할 수 있는 곳이다. 요루바, 이보, 하우사족의 전통 음식을 각각 맛볼 수 있는 레스토랑도 있고 원형 계단을 따라 올라가면 갤러리, 서점 등 볼

● 테라 컬쳐 입구

• 〈펠라와 칼라쿠타 여왕들〉 공연

거리가 많다.

테라 컬쳐는 2003년 영화·공연 프로듀서인 볼란네 어스틴 피터*Mrs. Bolanle Austen-Peters*가 설립했다. 그녀는 BAP라는 프로덕션 회사를 창립해 140여 편의 연극과 뮤지컬 등을 기획, 제작해서 테라 컬쳐 무대에 선을 보였는데 그중 가장 유명한 작품은 나이지리아의 전설적인 아티스트 펠라 쿠티*Fela Kuti*를 소재로 한 뮤지컬 〈펠라와 칼라쿠타 여왕들*Fela and the Kalakuta Queens*〉이다.

펠라 쿠티는 아프로비트 창시자로 아프리카 리듬과 재즈, 살사 등을 결합해 만든 독특한 음악 스타일을 구사한 아티스트이다. 유복한 가정에서 태어났으나 의사가 되기를 바라는 부모님의 희망과는 달리 유럽, 미국 등에서 공연하며 사회 변혁에 적극적인 목소리를 냈다. 미국에서 흑인해방운동이 태동하는

● 테라 컬쳐 안의 레스토랑. 전통적이면서도 창의적인 인테리어가 돋보인다.

것을 보며 큰 영향을 받은 그는 저항적인 가사와 삶으로 1970년대 군부 독재에 항거하기도 했다.

펠라 쿠티는 자신의 스튜디오와 집을 칼라쿠타 공화국*kalatuta republic*이라고 이름 짓고 갈 곳 없는 사람들에게 늘 문을 열어주었다. 특히 가정에서 구타당한 여성과 고아 등 27명의 여성을 보호하기 위해 공식적으로 모두 자신의 아내로 삼은 사건은 당시 사회에 큰 충격을 주었다. 군부 정부는 그의 집을 불태우기도 하고 여러 번 투옥하는 등 핍박했다. 결국 그는 1997년 지병으로 사망했다. 그러나 그의 독특한 삶과 음악 세계는 여전히 나이지리아 사람들에게 자유와 저항의 상징으로 남아있다.

럭셔리한 상류층 문화, 하드락 카페

하드락 카페*Hardrock Café*는 미국에 본사를 둔 세계적인 프랜차이즈 레스토랑이자 클럽이다. 라고스 빅토리아섬에 위치해 있고 대서양과 바로 접한 해변과도 연결되어있다.

● 조명이 켜진 하드락 카페 건물 외관

흥겨운 파티를 할 때 셀럽들이 가장 선호하는 곳 중 하나이고 외국인들도 즐겨 찾는다. 건물은 천장이 트여있어 밴드들이 무대에서 공연할 때면 흥이 더해진다.

하드락 카페에 가보면 나이지리아 상류층 문화를 엿볼 수 있다. 고급스럽고 세련된 옷차림은 물론 그들이 즐기는 음악, 춤, 그리고 여유까지 경험하기에 좋은 장소이다.

● 메시 버거 홍보 이미지

하드락 카페는 문화 마케팅에도 세심하다. 하드락 카페를 방문했을 때 메뉴판에 '김치 햄버거'가 있어 무척 반가웠다. 이곳을 찾는 한국인이 많아지자 한국인을 위해 출시한 것이다. 이외에도 축구를 좋아하는 고객을 위한 '메시 버거'를 출시하기도 했다.

하드락 카페 뒷문으로 나가면 시원한 대서양 해변이 반갑게 맞이한다. 해변에서 잠시 거닐 수도 있고 야외 테이블에서 바람을 느끼며 시간을 보낼 수도 있다.

한 번 떠나면 다시 돌아올 수 없는 노예항, 바다그리

15세기에서 19세기까지 400여 년간 대서양 노예 무역의 중심 항구였던 '바다그리'는 라고스에서 1시간 정도 떨어져 있는 대서양과 접한 항구이다. 대서양 노예 무역의 중심 항구이었으니 한이 많이 서린 곳이다. 내륙에서 잡혀온 노예들이 배를 타기 전에 고국에서 마지막으로 머물던 숙박 시설이 남아있다.

노예 무역의 역사를 살펴볼 수 있는 대표적인 박물관으로는 윌리엄 아바스 노예박물관과 모비 노예유물박물관이 있다. 두 박물관 모두 노예들이 처했던 악몽과도 같은 상황을 보여주고 있지만, 안타깝게도 이 박물관을 운영하여 수익을 얻는 사람들은 바로 노예상의 후손들이다. 그들은 조상들의 행적에 대해 부끄러워하기는커녕 오히려 자랑스러워하고 있다.

참고로 이 두 박물관에서는 노예 무역으로 얼마나 많은 동포가 대서양을 건너 먼 땅으로 팔려갔는지, 이를 통해 얼마나 많은 수익을 얻었는지 등에 대한 객관적인 정보는 접할 수 없다.

윌리엄 아바스 노예박물관

윌리엄 아바스 노예박물관은 노예 무역 시절 노예들이 갇혀 있던 방들의 모습을 그대로 재연해놓았다. 방의 크기는 가로 세로 각각 3미터 정도다. 이곳에 40여 명의 노예가 화장실도 없이 짧게는 며칠, 길게는 몇 달을 체인에 묶인 채 지냈다고 한다. 비위생적인 환경 탓에 배에 타기도 전에 사망하는 이들도 많았다고 한다.

현재 이 숙박 시설의 소유주는 당시 무역상인 윌리엄 아바스*Willam Abass*의 후손이다. 사실 윌리엄 아바스도 처음에는 노예 신분으로 브라질로 팔려 갔는데 그곳에서 글을 배우고 나이지리아로 돌아와 자신의 마스터와 노예 무역상을 했다고 한다. 그는 노예 무역이 끝난 후에도 지역 사회의 존경을 받으며 이곳에서 생을 마감했다.

● 윌리엄 아바스 노예박물관 건물. 관리가 잘 되고 있지 않아 초라한 모습이다.

● 과거의 건물 모습 그대로 현지인들이 거주하고 있다.

모비 노예유물박물관

모비 노예유물박물관은 19세기에 건축된 작은 건물이다. 당시 많은 동포를 노예화했던 모비 추장과 노예제 폐지를 주장한 그의 아들을 추모하고자 지어졌다. 이곳에는 대서양을 넘어간 노예들이 미국 농장에서 어떤 취급을 받았는지 보여주는 체인, 입마개, 수갑 등이 전시되어있다. 1900년대 초까지 지속된 대서양 노예 무역은 이곳에서 매일 300여 명씩 팔렸는데 1년으로 따지면 1만 7,000여 명에 이른다.

● 모비 노예유물박물관으로 가는 이정표

영의 우물

노예들은 바다그리 항구를 떠나기 전에 마지막으로 영의 우물*The spirit well*에서 물을 마시는 의식을 치렀다. 이 물을 마시면 과거의 삶을 모두 잊게 해준다고 한다. 영의 우물에서 물을 마신 후 노예들은 배에 실려 다시는 돌아올 수 없는 땅으로 떠났다. 사랑하는 사람을 대서양 바다로 떠나보내는 이들과 다시는 고향에 돌아올 수 없다는 것을 알고 떠나는 이들의 심정은 어땠을지 상상하기조차 어렵다.

가슴 아픈 역사를 품고 있는 바다그리 선착장 근처 해변에는 플라스틱 쓰레기와 팜유 나무만 무성하다. 나이지리아의 역사가 제대로 기록되고 재평가하기까지는 오랜 시간과 노력이 필요할 것 같다.

● 영의 우물

● 돌 비석에는 '한 번 떠나면 다시는 돌아올 수 없는 바다그리 노예 항로. 알 수 없는 도착지로의 여행'이라는 문구가 새겨져 있다.

함께 생각하고 토론하기

나이지리아는 오랜 문화유산을 가지고 있지만 유럽에 의해 약탈되었거나 제대로 보존이 안 되어있어 가볼 만한 곳이 많지는 않습니다. 특히 석유가 발견된 후에는 상업화와 도시화가 급속히 이루어져 문화유적지들이 오랫동안 방치되었습니다. 그럼에도 니케 아트 갤러리, 테라 컬쳐 등의 문화 예술 공간을 통해 조금이나마 나이지리아의 문화 예술을 느낄 수 있고, 바다그리에서 가슴 아픈 노예 역사의 현장을 볼 수도 있습니다.

● 나이지리아에서 가장 방문하고 싶은 곳과 그 이유에 대해 이야기해봅시다.

●● 노예항 바다그리를 보고 어떤 생각을 했는지 말해보고, 역사유적지를 기념하고 보호할 수 있는 방법에 대해 생각해봅시다.

에필로그

다문화 사회로 나아가기 위한 노력

나이지리아에 대한 여정의 끝은 나 자신과 세계를 바라보는 시작점과 이어진다. 평생 한 번 가볼까 말까 하는 나이지리아라는 국가를 이해함으로써 내가 속한 공간과 세계를 새롭게 바라보는 계기가 되기를 바라는 마음이다. 사실 내 주변을 살짝만 돌아봐도 무심코 지나쳤던 세계가 보인다.

'재한 외국인 및 다문화 가족 300만 시대'

우리나라에 사는 외국인의 수는 강원도 전체 인구의 두 배라고 한다. 잘 느껴지진 않지만 우리나라에도 100여 개국에서 온 외국인들이 언어도, 문화도 낯선 한국 땅에서 살아가고 있는 것이다. 이들은 지역 곳곳의 공장에서, 영어학원에서, 일반 회사에서, 학교에서 혹은 우리가 모르는 그 어딘가에 있다. 하지만 우리는 그들의 존재에 무심하다. 해외 유학을 갈 생각은 하지만 정작 내 주변의 외국인들과는 소통하고 싶어하지 않는다.

한국에서 살아가는 아프리카인들은 대체로 자국의 정치적·경제적 상황이 녹록지 않아 더 나은 삶의 기회를 꿈꾸며 온 이들이다. 그들이 한국 비자를 받을 수 있는 방법은 유학생 신분이 거의 유일하기 때문에 석·박사 출신의 학생이 많다. 그러나 한국에서 국비 장학생으로 박사 과정을 우수한 성적으로 졸업한들, 한국어를 유창하게 구사한들 이들의 지식과 경험을 활용할 수 있는 곳은 거의 없다. 그들을 유일하게 받아주는 곳은 택배 창고나 공장 그리고 지방의 농장뿐이다. 그들은 불법 체류자 혹은 난민 비자 신청 상태로 인권의 사각지대에서 몇 달 혹은 몇 년 동안 일하다가 쓸쓸히 본국으로 돌아간다. 하지만 아프리카 드림을 꿈꾸며 나이지리아로 이주한 나 같은 이방인을 그들의 사회로 받아주지 않았다면 이 책은 탄생할 수 없었다. 그리고 지금의 나도 존재하지 않았을 것이다.

이제 다양한 문화를 이해하고 받아들이는 다문화, 다원주의는 세계 시민으로 살아가고자 하는 우리에게 필수가 되었다. 그만큼 세계는 정치, 경제, 문화 등이 긴밀하게 이어져 공존하고 있다. 나이지리아에서 살면서 내가 가장 크게 얻은 깨달음은 바로 세계 시민으로서 나 자신을 바라볼 수 있게 되었다는 점이다.

나는 한국인으로서 자긍심을 가지고 있다. 그러나 그것은 내가 아프리카를 지나친 동정이나 비하가 아닌 담담한 애정으로 바라보는 것과 크게 다르지 않다. 다국적의 외국인들과 다양한 민족집단이 어우러진 라고스에 살면서 중요한 건 나의 국적이 아니라 어떻게 이들과 화합하며 하루하루를 살아갈 수 있을까에 대한 고민이었다. 그러기 위해서는 상대 문화에 대한 존중과 이해가 필요하다.

다문화로 향한 여정은 쉽지 않다. 라고스는 다양한 사람들로 구성된 정글이다. 같은 민족집단끼리도 사소한 금액 때문에 언성을 높이고, 외국인들의 현지인에 대한 인종 차별 문제도 끊이지 않는다. 물질에 의해 사람의 양심과 존엄성이 바닥으로 추락하기가 너무 쉬워 무섭기까지 하다. 그런 사회에서는 한국적인 기준과 상식이 통하지 않는다. 나를 지탱했던 옳고 그름의 판단이 라고스에서 살면서 철저히 무너졌고 그 후에야 비로소 이 세계를 새로운 시각으로 담을 수 있었다.

저출산, 고령화 사회이기에 어쩔 수 없이 외국인들을 받아들이며 수동적으로 다원화 사회를 이루기보다는 다문화가 경직된 한국 사회를 얼마나 풍요롭고 경쟁력 있게 만들어주는지 그 가치를 공감하며 각자의 마음속에 이 넓은 세계를 품으며 살아갈 수 있기를 소망한다.

참고 자료

한·아프리카 재단, 《이야기로 만나는 아프리카, 나이지리아》(2019)
2021 Africa Investment Report by Briter Bridges
Economic and Distributional Effects
Looted Nigerian heritage - an interrogatory discourse around repatriation , Zacharys Gundu ISSN 2343-6530 © 2020 The Author(s)
Sarr, F. and Savoy, B. (2018). The Restitution of African Cultural Heritage: Towards a new relational Ethics.
Schmieg, E (2016). Global Trade and African Countries Free Trade Agreements, WTO and Regional Integration. Stiftung Wissenschaft und Politik German Institute for International and Security Affairs
World Bank. (2020). The Afircan Continental Free Trade Agreement

http://www.cine21.com
http://www.imtijotas.org.ng
https://africasacountry.com
https://bizwatchnigeria.ng
https://businesstraffic.com.ng
https://databank.worldbank.org
https://dubawa.org
https://edition.cnn.com
https://guardian.ng
https://healthwise.punchng.com
https://medium.com
https://muse.jhu.edu
https://nairametrics.com
https://nairametrics.com
https://nationaldailyng.com
https://nomadparadise.com
https://openknowledge.worldbank.org
https://origins.osu.edu
https://pubs.iied.org
https://punchng.com
https://statisticstimes.com
https://techcrunch.com
https://theculturetrip.com
https://tradingeconomics.com

https://u.osu.edu
https://vocalafrica.com
https://worldview.stratfor.com
https://www.aljazeera.com
https://www.amazon.com
https://www.analyticsinsight.net
https://www.bbc.com
https://www.bloomberg.com
https://www.cfr.org
https://www.dw.com
https://www.esi-africa.com
https://www.ft.com
https://www.intracen.org
https://www.legit.ng
https://www.nationalgeographic.org
https://www.nationalworld.com
https://www.nber.org/papers/w1540
https://www.newscientist.com
https://www.opinionnigeria.com
https://www.pinterest.com
https://www.premiumtimesng.com
https://www.pwc.com
https://www.reuters.com
https://www.statista.com
https://www.studiobinder.com
https://www.theafricareport.com
https://www.theguardian.com
https://www.worldometers.info

사진 출처

p18	©Akintunde Akinleye / Reuters
p20	©Glen Gratty, 2021
p24	©dubawe.org
p30	©researchgate.net
p36	위 사진 ©lonely planet, 아래 사진 ©imgur.com
p38	©https://www.populationpyramid.net/nigeria/2021/
p42	©BBC
p45	©www.bluxgroupng.com
p47	왼쪽 사진 ©abuja on IG
p49	©artsandculture.google.com
p50	©businessday.ng
p51	©www.time.com
p56	©worldview by stratfor
p57	위 사진 ©pulse Nigeria, 아래 사진 ©nationaldailyng.com
p67	©가디언
p72	위 사진 ©punchng.com, 아래 사진 ©bellanaija
p75	©mithubrothers.com
p78	©가디언 나이지리아
p79	©Nairaland forum
p85	©statista.com
p86	©premium times Nigeria
p89	©BBC
p92	©world economic forum
p95	©www.lucipost.com
p97	©CNN, Gage skidmore
p100	©De Agostini / C. Sappa / Getty Images
p101	©STR, AFP
p107	위 사진 ©가디언 나이지리아
p112	©www.nigeriaelectricityhub.com
p121	아래 사진 ©www.vocalafrica.com
p123	©Alamy
p125	©http://slaveryimages.org/s/yorubadiaspora/item/3335
p130	©quizlet
p134	©www.dw.com
p137	©BBC 재인용
p138	©가디언 나이지리아

p141	아래 사진 ©commons.wikimedia.org
p143	©TODAY.NG
p145	왼쪽 사진 ©twitter.com, @Therealgowon, 오른쪽 사진 ©www.thenicheng.com
p151	©dailypost.ng
p152	©가디언
p153	©피터 오비 페이스북
p157	위 사진 ©Adetona @iSlimfit on twitter, 아래 사진 ©가디언 나이지리아
p159	위 사진 ©arise TV, 아래 사진 ©Spar Nigeria
p164	©punch Nigeria
p174	©CNN
p175	©Depositphotos
p178	위 사진 ©techcrunch.com, 아래 사진 ©넷플릭스
p186	위 사진 ©claraito's blog, 아래 사진 ©od9jastyles.com
p191	©AFP
p193	왼쪽 사진 ©bamsky007.com, 오른쪽 사진 ©bella naija wedding
p196	©bella naija
p197	©@bobrisky222
p201	위 사진 ©trip advisor, 아래 사진 ©nomadparadise.com
p202	©nomadparadise.com
p203	©nomadparadise.com
p204	©nomadparadise.com
p205	왼쪽 사진 ©legit.ng, 오른쪽 사진 ©브리테니커
p210	©https://sassyfunke.com/a-guide-to-visiting-nike-art-gallery/
p212	아래 사진 ©https://artsandculture.google.com/
p216	위 사진 ©premiumtimesng
p216	아래 사진 ©techpoint
p218	위 사진 ©www.vanguardngr.com, 아래 사진 ©amillionstyles.com
p219	©테라 컬쳐 웹사이트
p220	©Nightlife NG
p221	©thisdaylive.com
p222	©hotel.ng
p223	©하드락 카페 라고스 인스타그램
p226	아래 사진 ©rachelsruminations.com/badagry/
p227	© RFI/Samuel Okoch
p229	아래 사진 ©rachelsruminations.com

나의 첫 다문화 수업 09
있는 그대로 나이지리아

초판 1쇄 발행 2023년 3월 30일

지은이 류지선

기획편집 도은주, 류정화
마케팅 박관홍
표지 일러스트 엄지

펴낸이 윤주용
펴낸곳 초록비책공방

출판등록 2013년 4월 25일 제2013-000130
주소 서울시 마포구 월드컵북로 402 KGIT 센터 921A호
전화 0505-566-5522 팩스 02-6008-1777

메일 greenrainbooks@naver.com
인스타 @greenrainbooks @greenrain_1318
블로그 http://blog.naver.com/greenrainbooks
페이스북 http://www.facebook.com/greenrainbook

ISBN 979-11-91266-77-1 (03930)